어서와, 교환학생은 처음이지?

어서와, 교환학생은 처음이지?

이다예 지음

prologue

도전하지 않으면 알 수 없는 것들

나는 대학에 입학하자마자 학사경고를 받았어. 그것도 두 번씩이나. 퇴학 위기에까지 몰렸지. 입시에 내몰렸던 평범한 고등학교 시절을 보냈던 터라 대학에 입학하자 해방감에 빠져서는 공부랑 담을 쌓았던 거지. 그럼 정신을 차리고 다시 열심히 공부를 해야 하는 게 정상이건만, 그렇게 퇴학 위기까지 몰리게 되는 처지가 되니까 오히려 학교에 다니기가 싫어지는 거야.

결국 나는 휴학을 하고 말았지. 방황을 했던 거야. 하지만 언제까지나 그렇게 방황만 하면서 지낼 수는 없었어. 그리고 어느 순간 '더 이상 이렇게 지낼 수는 없어.'하는 생각이 들었지. 그래서 알아보기 시작한 게 아르바이트 자리였고, 내 눈에 띈 게 놀이공원 채용공고였어.

"우와, 재밌겠다!"

나는 곧바로 놀이공원 아르바이트에 지원했어. 그리고 몇 주 뒤 멀리 용인까지 가서 기숙사 생활을 하게 됐지. 내 첫 번째 도전이 시작됐던 거야.

집을 떠나 타지에서 생활하는 건 정말 쉽지 않은 일이었지. 특히 내게 가장 큰 영향을 끼친 건 기숙사 생활이었어. 혼자 방을 쓰는 데 익숙해 있던 내게 4인 1실의 생활은 아주 불편한 일이었지. 비좁은 방에서 4명이나 되는 사람이 생활을 해야 했으니 쉽지가 않았던 거야. 하지만 다양한 유형의 사람들과 함께하면서 더불어 살아가는 법을 배울 수 있었던 기회이기도 했지.

결국에는 건강이 나빠져서 퇴사를 하고 다시 전주로 내려오게 됐는데, 그때 내게 또 하나의 터닝 포인트가 있었어. 싱가폴로 떠났던 가족여행이었지. 사실 그때까지 영어만은 자신이 있었는데, 이게 웬 일이람! 외국인과 직접 마주치니까 술술 나올 것 같던 영어가 단 한마디도 나오지 않는 거야. 나 자신에게 놀랐고 실망했어. 우물 안 개구리처럼 살았던 거지.

충격을 받은 나는 그날 이후로 어학연수를 가야겠다는 생각을 했어. 아무런 목표도 없이 되는 대로 살았던 내 인생에서 각성이 일어난 거지. 그리고 영어 실력을 키우겠다는 의지 하나만으로 무작정 한국인이 드문 지역으로 떠났어. 그곳에서 내가 만났던 한국인 친구들은 4명뿐이었지. 외국 친구들 무리에 섞여 놀면서 그들의 문화와 영어를 배웠던 시간이었어. 때로는 한국 사람이, 그리고 한국어가 사무치게 그리워질 때도 정말 많았지. 하지만 성장하고 있다는 믿음 하나만으로 그렇게 10개월을 버텼던 거야.

어학연수를 통해 나는 어느 정도 영어에 자신감이 붙었어. 그러자 욕심이 생겼지. 그리고 곧 세 번째 도전을 시작했는데, 바로 교환학생 프로그램이었어. 올라야 할 계단이 많았지. 1학년 내내 학사경고를 두 번이나 받았으니 학점은 말하지 않아도 알 만할 거야. 나는 복학을 해서 일 년 동안 학점을 바로 잡아야 했고, 2015년의 여름휴가는 도서관에서 보냈을 정도로 열심히 영어 성적을 만들었어. 그리고 그 다음해 당당하게 미국으로 떠날 수 있게 되었지.

나는 교환학생 경험을 통해 얻은 게 너무도 많다는 생각을 해. 영어는 물론이고 독립심을 키울 수 있었고 사람들과 소통하는 방법도 배울 수 있었지.

하고 싶은 일이 있는데도 망설이는 친구들에게 꼭 해 주고 싶은 말이 있어. 열심히 하면 안 될 일이 없다는 거. 그리고 도전을 한다면 실패할 때도 있겠지만 그것을 실패라고 볼 수 없다는 거 말이야. 실패를 통해서 얻는 것이 분명히 있다는 거지.

진부한 말이라는 건 알아. 하지만 인간은 누구나 실패를 통해 성장하는 거니까. 인생은 끊임없는 배움의 과정이라잖아.

나는 이 책에 교환학생 생활을 하면서 겪은 다사다난 했던 이야기들을 소개했는데, 그런 일상의 사건들을 통해서 많은 것을 깨닫고 배울 수 있었어. 내가 겪은 모든 일들은 도전하지 않았다면 알 수 없는 것들이었지. 나는 이 세상엔 도전하지 않으면 알 수 없는 것들이 산더미처럼 쌓여 있는 것 같다는 생각을 해. 내가 살고 있는 이 세계 밖에 또 다른 세상이 존재하는 거지.

지금 이 책을 읽고 있는 친구들도 도전에 나서보면 좋겠어. 지금까지 겪어온 세상들보다 훨씬 더 재밌는 세상이 펼쳐져 있다는 걸 느끼게 될지도 모르니까.

그 세계, 궁금하지 않아? 자, 이제 함께 여행을 떠나볼까? 록 할까?

차례

어서 와, 루이지애나는 처음이지?

낯선 세상속으로! _ 13
레게머리 룸메이트의 가발 떼기 미션 _ 21
일단 질러보기 _ 26
스윗메이트 _ 33
무서운 식당아줌마 _ 40
플로리다 도토리 사건 _ 44
어쩌다 지옥훈련 _ 47
까르페 디엠을 생각하며! _ 54
샹그리아 사건 _ 60
부칠 수 없는 편지 _ 66
스위니 토드 _ 70
최악, 최악, 최악의 하루 _ 76
부자들만 갈 수 있는 병원 _ 85
달라도 너무 다른 식당문화 _ 89
러닝머신에서 기절하다 _ 94
악어야 안녕? _ 98
구사일생! 102
니들이 폭탄주를 알아? _ 106
친구 언니의 자살 _ 112
루이지애나의 총잡이 _ 118
기대와 현실 사이에서 _ 124
장례식, 그리고 삶에 대한 고찰 _ 136

길 위에서 만나는 것들

자동차 사고를 내다 _ 143
여행을 떠나면서 여권을 빠뜨리다니 _ 148
시애틀의 여행자들 _ 151
라스베가스의 작업남 _ 158
공포의 시카고 지하철 _ 161
죽음의 계곡, 데쓰밸리 _ 166

낯선 세상 속으로 떠나보기

여행 플랜 합리적으로, 똑똑하게 짜기 _ 173
여행에서의 행동 수칙 _ 175
어디에서 자야 하지? _ 177
미국, 어디까지 가봤니? _ 183
부록 _ 214
공항회화 _ 218

낯선 세상속으로!

떠나기 전날은 정말 바빴어. 보통 떠나기 일주일 혹은 한 달 전부터 짐을 싸기 시작한다는데, 나는 몇 시간 전에야 정신없이 짐을 싸야 했지. 여러 가지로 신경을 쓸 게 너무 많았거든. 서둘러 인천공항으로 가는 리무진 버스를 타는 곳으로 갔더니 함께 떠나는 친구들이 먼저 와서 나를 기다리고 있었어. 곧 버스가 도착했고, 버스에 짐을 실은 다음 나는 부모님과 마지막 인사를 나눴어. 오랫동안 헤어져 있어야 한다고 생각하니 벌써부터 그리워지는 거야. 보고 있어도 그립다는 말의 의미를 알 것같았지.

버스가 출발하고, 손을 흔들고 계신 부모님이 멀어지고 있었어. 아마도 버스가 시야에서 사라질 때까지 그렇게 서서 손을 흔들고 계셨을 거야. 이제 적어도 몇 달 동안은 볼 수 없다는 생각을 하니까, 슬펐어. 다시 돌아올 때까지 건강하시길 마음속으로 기도했지. 열심히 노력해서 잘 적응해 더 멋지고 당당한 사람이 되어 돌아올 거라고.

이런 저런 생각을 하다 보니 버스는 인천공항에 도착했고, 나는 서둘러 가방을 끌고 탑승 게이트로 갔어. 떨리기도 하고 설레기도 했지. 보안 게이트를 통과하면서도, 면세점에서도, 탑승 게이트 앞에서도 뛰는 가슴을 억제할 수가 없었어. '아, 드디어 새로운 세계로 들어가는구나!' 비로소 실감이 나기 시작했지.

 일 년이라는 시간을 보내게 될 도시까지 가는 데는 장장 36시간이나 걸렸어. 공항에는 국제학생을 관리하는 미국인 선생님이 플랜카드를 걸고 나와 계셨고, 도착하자마자 쉴 틈도 없이 곧바로 일정이 진행됐어.
 하지만 길고도 긴 여행으로 우리들은 다들 지칠 대로 지쳐 있었어. 안내를 맡은 선생님도 우리의 상태를 보시고는 자동차로 학교를 한 바퀴 돌면서 학교 건물들에 대해 간단히 설명하

먼로 루이지애나 주립대학교, Monroe, LA

힐튼 호텔 앞, Huston, TX

는 정도로 그날 일정을 마치셨지.

사실 설명을 듣고 있는 동안에도 아무런 생각조차 할 수가 없었어. 몸이 피곤한 것은 말할 것도 없고 가족들 생각, 친구들 생각에 정신적으로도 지쳐 있었던 거야. 정신이 하나도 없었지.

학교 안내를 마친 관리 담당 선생님은 우리를 곧바로 기숙사 앞에 내려 주셨는데, 배정된 방으로 들어가니 공부할 테이블과 침대가 놓여 있더군. 이제부터 진짜, 제대로 된 미국 생활이 시작된 거지!

내가 잘 해낼 수 있을까? 가슴이 뛰었어.

Tip.

똑똑한 짐 싸기!

미국행 비행기라면 항공사마다 규정이 다르기는 하지만 이코노미 클래스를 기준으로 수화용 캐리어 2개와 기내용 가방 1개, 개인 가방(백팩 혹은 크로스백) 한 개만 가능하다.

떠나기 전 필수적으로 챙겨야 할 것들

화장품 : 피부가 민감한 친구들은 한국에서 쓰는 여분의 화장품까지 챙겨야 한다. 한국에서는 싸고 쉽게 찾을 수 있는 화장품들도 외국에 나가면 비싸거나 찾기 어려운 경우가 많기 때문이다. 피부가 민감한 편이라면 한국에서 쓰는 화장품을 꼭 챙겨서 가는 게 좋을 것 같다.

면봉 : 미국 면봉은 한국 것보다 크다. 우리 귀에 잘 안 들어간다. 그리고 그 친구들이 쓰는 면봉은 플라스틱으로 되어 있는데, 나무 면봉은 한 번도 보지 못했다. 나무 면봉이 플라스틱 면봉보다 훨씬 쓰기 편하고 좋으니까 미리 챙기도록 한다!

학용품 : 미국 학용품은 디자인도, 질도 별론데 진짜 비싸다. 볼펜도 필기감이 좋지 않다. 좀 딱딱한 느낌이라고 할까? 볼펜이라든지 샤프, 샤프심, 공책은 한국에서 챙겨가는 게 좋다.

옷 : 외국에서 생활을 하다 보면 짐이 자연스럽게 늘기 마련이다. 그리고 자주

는 아니라도 쇼핑을 하면서 새로운 옷들도 생기게 된다. 최대한 버리고 와도 괜찮은 옷 위주로 챙겨가는 게 좋다.

상비약 : 외국에 나가면 어떤 일들이 생길지 모르기 때문에 각종 상비약을 챙겨가는 게 좋다. 약국이 있긴 하지만 성분들이 다르고 모국어가 아니기 때문에 혼동이 일어날 수도 있어서 한국에서 가지고 가는 걸 추천하고 싶다.

양말 : 양말도 한국에서 사가는 게 좋다. 한국에서는 천 원짜리 하나로도 예쁜 양말들을 살 수가 있는데, 미국은 예쁜 양말도 없고 한국보다 질이 좋지 않으면서도 비싼 편이다. 발목양말이든 목이 긴 양말이든 한국에서 가져가도록 하자.

슬리퍼 : 미국에는 욕실용 슬리퍼가 없다. 월마트랑 아마존에서 욕실용 슬리퍼를 사려고 한 달 동안 고생을 하다가 미국에는 욕실용 슬리퍼가 없다는 사실을 깨달았다. 그래서 그냥 슬리퍼를 사서 신었는데 한국보다 훨씬 비쌌다. 하나쯤은 꼭 챙겨가도록 하자!

수건 : 수건은 한국에서 꼭 가져가야 할 것 같다. 미국에서는 수건이 일단 엄청 비싸다. 바디용 큰 수건과 세면대용 작은 수건으로 나뉘어 있는데, 바디용 타월은 커서 그런지 가격이 비싸다. 수건은 한국에서 챙겨가는 게 좋다.

그 외에도 멀티 탭, 인공눈물, 렌즈, 렌즈 케이스, 젓가락, 일회용 젓가락, 편의점 음식들, 마스크 팩 같은 것들은 챙기는 게 좋다.

가져가지 않아도 되는 것들

마트에서 구할 수 있는 것들 : 일단 집 앞 마트에서 구할 수 있는 건 해외 어느 마트를 가던 구할 수 있는 것들이다. 외국도 다 사람이 사는 곳이라서 뭐든 다 있다. 예를 들어 가장 기본적인 샴푸라든지 바디 워시, 린스, 물, 박스 이런 건 어느 곳을 가도 구할 수 있는 물건들이니까 굳이 챙기지 않아도 현지에서 사면 된다!

한국음식 특히, 참치 캔 : 참치 캔은 미국에도 있다. 굳이 가지고 가지 않아도 된다. 혹시라도 한국 참치가 먹고 싶다면 K-mart(한국 마트)에서 다 팔고 또 인터넷으로 무료배송도 시킬 수 있다. 그렇게 비싸지 않으므로 차라리 참치 캔 넣을 공간에 다른 걸 챙기도록 한다.

기내 반입이 안 되는 것들과 되는 것들

보안 게이트를 통과할 때 단속될 수 있는 물건들은 미리 미리 화물용(위탁 수하물) 짐에 넣어야 한다. 그렇다고 화물용(위탁 수하물) 짐에 아무거나 넣어도 되는 것은 아니다. 무슨 일이 있어도 꼭 소지하고 타야 하는 물건들이 있고(이런 물건들은 화물용에 넣으면 뺏김) 괜히 가지고 타려다가 뺏기는 물건들도 있다.

개인 소지해야 할 것
100ml 이하 액체류(화장품 포함) *로션 주의

휴대용 건전지, 카메라, 캠코더, 휴대폰, 노트북

화물용(위탁 수하물=큰 캐리어)에 넣는 것
액체・젤류 2L까지 가능
가위 등(뾰족하거나 무기가 될 만한 것)
**라이터나 전자담배, 전자기기들은 폭발 위험이 있으므로 무조건 개인 소지를 해야 한다!

안되는 줄 알았는데 개인 소지가 되는 것들 :
전자담배(1개), 라이터(1개), 면도기, 손톱깎이, 포크

레게머리 룸메이트의 가발 떼기 미션

내 룸메이트는 미국인이었어. 수업 스케줄도 비슷해서 나는 그 친구와 가족만큼이나 친하게 지냈지. 매일 함께 수업을 들으러 가고, 밥도 같이 먹고, 파티도 항상 같이 갔던 친구야. 힘든 일이 있을 때는 서로가 곁에서 든든한 힘이 되고 버팀목이 되어준 친구. 고향이 자메이카인 100% 순수 흑인 친구였는데, 이런 친구들의 경우에는 보통 악성 곱슬머리야. 우리나라 사람들처럼 머리를 그대로 기를 수가 없지. 그래서 당연히 머리 관리법도 달라. 대부분은 머리를 길러서 레게머리를 한다든지, 혹은 레게머리를 한 진짜 머리카락에 바느질로 가발을 붙이고 그걸 두 달에서 세 달 정도 유지하는 식이지.

내 룸메이트는 가발을 이용하는 친구였어. 하루는 이 친구가 가발을 뗄 때가 되었다면서 도움을 청했어. 나는 가발 떼는 일이야 뭐 대수일까 싶어 흔쾌히 도와주겠다고 했지. 하지만 나는 이 친구가 한번 가발을 붙이면 짧게는 한 달, 길게는 세 달씩이나 머리를 감지 않는다는 사실을 망각하고 있었어.

내 룸메이트는 통가발을 사용해서 그걸 떼어내려면 고도의 작업 과정을 거쳐야 해. 그 친구가 침대에 앉아 있는 동안 나는 그렇게 가위를 들고 천천히 가발을 벗겨내기 시작했지. 정수리 부분쯤이었을까? 갑자기 역한 냄새가 내 코를 뚫고 들어오기 시작했어. 아찔한 냄새에 정신이 점점 혼미해지기 시작했지.
나는 가능한 숨을 참으면서 정신을 집중하기 위해 바닥에 시선을 깔았어. 하지만 그것도 잠시, 내 시선이 다시 그 친구가 앉아 있는 침대로 향하는 순간, 나는 비명을 지를 뻔했어. 그 침대보는 왜 하필 검정색이었던 걸까?
후지산처럼 쌓인 비듬의 산!
하지만 여기서 가위질을 멈춘다면 그 친구를 돕는 성스러운

키웨스트에서 만난 친구들과 함께 바나나 보트, Key west, FL

키웨스트에서 만난 친구, Key west, FL

내 임무를 저버리는 것이었지. 나는 내가 한 말에 책임을 지고 싶었어. 머리카락과 통가발을 꿰매 놓은 실들을 모두 자르는 게 내가 맡은 임무였는데, 모두 잘라내는 데까지 두어 시간 정도는 걸렸던 것 같아. 그렇게 나는 외과의가 난해한 수술에 성공하듯 악전고투하며 완벽하게 내 임무를 다 완수할 수 있었지.

임무를 마치고 나서 손을 씻었는데, 그래도 손에서 정수리 냄새가 가시지 않았어. 세 번씩이나 다시 손을 씻었지만 여전히 냄새는 가시지 않는 거야. 화장실 밖으로 나와서도 나는 미소를 지을 수가 없었지. 도저히 웃는 얼굴로 룸메이트의 얼굴을 볼 수가 없었어.

화장실에서 나온 나는 곧장 도망치듯 밖으로 뛰어나와 빨래방으로 향했는데, 그때는 왜 그렇게 별일도 아닌데 눈물이 펑펑 솟구쳤던 것일까? 세상에서 가장 어려운 도전(?)에 성공한 나 자신에게 감동했기 때문이었을까?

세상에는 내 상상력을 뛰어넘는 정말 많은 일들이 있는 것 같아. 나는 그때 깨달을 수 있었지. 때로는 매일매일 보는 일상 속에서도 우리가 미처 상상하지 못하는 일들이 일어날 수 있다는 것을 말이야.

Tip.

Tip.

**현지 주소, 우편번호, 현지 핸드폰 번호, 학번은
항상 가지고 다니자.**

처음 미국에 가면 내 정보들을 기록해야 할 일이 정말 많다. 거주지 등록에서부터 계좌 신청, 보험 신청, 수업 등록 등등. 공항에서부터 자신이 머물 거주지 주소를 적어야 한다.

이런 중요한 정보들은 핸드폰 메모장이나 다이어리, 수첩에 적어놓고 항상 가지고 다니도록 해야 한다.

일단 질러보기

 교환학생으로 수업을 들으면 그룹과제를 해야 할 때가 많아. 한국에서도 그렇지만 그룹과제는 정말 쉽지 않은 일이지. 미국이라고 다를 건 없어. 그래도 나는 운이 좋은 편에 속했던 것 같아. 서로 마음이 맞는 친구들을 만났으니까 말이지.

 나는 조직 커뮤니케이션 수업과 연기 수업에서 그룹과제를 했었는데, 일단 조직 커뮤니케이션 수업의 그룹과제부터 이야기하려고 해.

 한 학기 내내 조별 프레젠테이션으로 이루어졌던 수업이었어. 조별 성적이 전체 성적에 반영되니까 같은 조 친구들과의 호흡이 굉장히 중요해. 그런 면에서 나는 아주 운이 좋았어. 인원은 적었지만 우리 조 친구들은 쾌활하면서도 뜨거운 열정을 가지고 있었거든.

 우리들은 일주일에 평균 두 번씩 만나서 주제에 대한 토론을 했고 주제 방향에 맞춰서 체계적으로 일정을 짰는데, 한번은 정말 재미있는 일이 있었어. 기말 프레젠테이션을 준비하면서 있었던 일이야.

우리 프레젠테이션 주제는 지역에 있는 기업을 소개하는 거였는데, 조원 중 하나가 지역에서 가장 큰 영화관의 관리자와 인터뷰를 하자는 제안을 했어. 나는 현실적으로 가능한지 반문했지. 하지만 다른 친구들은 아주 재미있겠다면서 긍정적인 반응을 보이는 거야. 사실 그 친구들 역시 할 수 있을지 없을지에 대해서는 확신이 없는 상황이었지만 일단 저지르고 보자는 거지.

어쨌든 우리는 영화관 측으로 메일을 넣었어. 답변은 없었어. 그래도 우리는 계속해서 메일을 넣었지. 2주가 지나도록 대답 없는 메아리였어. 기말고사 발표 날짜는 점점 다가오고 있었고, 연락이 닿지 않는다면 우리는 다른 방안을 찾아야 했지. 초조해진 우리는 결국 영화관으로 찾아갔어. 몇 번씩이나. 물론 번번이 거절당했지.

하지만 결국 승리의 깃발을 올린 건 우리였어. 담당자에게 끈질기게 매달려서 인터뷰 날짜를 받아낼 수 있었던 거지!

우리는 관리자와 인터뷰를 하면서 영화관 운영과 영화가 상영되는 메커니즘에 대해 배웠어. 상영실이라고 해야 하나? 영화관 백 스테이지도 처음으로 보았지. 신기했어. 미국에 와서 이런 경험까지 해보다니…. 하지만 내가 정말로 배울 수 있었던 것은 포기하지 않고 도전하면 결국은 원하는 것을 얻을 수 있다는 것, 쉽게 포기해버리면 아무것도 얻을 수 없다는 것이었어.

연기 수업에서 했던 그룹 수업은 내가 전에 알고 있었던 수업 방식과는 약간 달랐어. 다섯 명 정도가 한 팀으로 이루어져 진행하는데, 대본을 하나 받아서 그 작품을 무대에 올리는 거였지. 외부인을 통해 우리의 역량을 평가받는 수업이라서 그런지 심적으로 부담이 많이 됐던 수업이기도 했어.

우리는 수업 시간에 한 번 연습을 하고 주중에 따로 다시 만나서 연습을 했는데, 사실 내게 이 그룹수업의 관건은 '대사 외우기'였어. 대사가 꽤 많았던 터라 엄청 힘들었지. 발음부터 억양까지 친구들의 도움이 없었다면 제대로 해낼 수 없었을 거야. 늦은 시간임에도 따로 만나서 대사 연습을 도와준 친구도 있고, 수업이 빌 때마다 카페에서 발음 연습을 도와준 친구도 있었지. 그런 친구들이 있었기 때문에 끝까지 포기하지 않고 그 수업을 따라갈 수 있었던 것 같아.

공연 당일에도 분위기를 잘 잡아줘서 조금도 떨지 않고 내가 맡은 역할을 마칠 수 있었어. 사실 하나도 떨리지 않았다고 한 건 거짓말이고, 친구들이 뒤에서 긴장을 풀어주고 말을 걸어줘서 조금 덜 긴장했던 것 같아. 그룹과제를 하면서 같은 조 친구들이 얼마나 중요한지 깨닫게 된 순간들이었지. 한국에서 그룹과제에 대해 생각하는 것 자체만으로도 스트레스를 받는다는 친구들을 많이 봤던 걸 생각하면 정말 운을 타고난 셈이었다고 할까.

그룹과제는 어떤 친구들과 함께 하느냐가 관건인 것 같아. 하지만 내가 먼저 마음을 열고 열심히 그리고 긍정적으로 친구들을 대하고 수업에 임한다면 더 나은 결과를 얻을 수 있을 거라는 걸 배울 수 있었어. 그룹과제 때문에 스트레스를 받는 것도 좀 줄일 수 있고 말이야. 어쩌면 별 것 아닌 에피소드에 지나지 않겠지만 많은 걸 생각하고 나를 성장시킨 경험이었던 것 같아. 아무리 어렵다는 생각이 들더라도 함께 할 수 있다면 무엇이든 헤쳐 나갈 수 있다는 걸 배운 거지.

같은 수업을 들었던 친구들과. Fort lauderdale, FL

프랑스에서 온 친구와 함께. Fort lauderdale, FL

Tip.

점수를 잘 받으려면

실라버스Syllabus 확인하기
Syllabus는 한국말로 강의 계획서를 말한다. 강의 계획서를 꼼꼼히 확인해서 보면 어떤 점수가 배점이 높은지와 같은 기본적인 사항부터 A의 기준, B의 기준, C의 기준까지 상세하게 나와 있다. 그러니까 좋은 점수를 받고 싶다면 강의 계획서는 꼭 확인해야 한다.

틈틈이 공부하기
미국에는 중간고사, 기말고사 개념의 시험들 이외에도 중간 중간에 시험이 많다. 중간고사와 기말고사가 나눠진 시험이라고 해야 할까? 그래서 틈틈이 공부를 해놓아야 그런 시험들에도 대비할 수 있다. 계속해서 시험 공부를 하라는 게 아니라 그날 공부한 것만 복습하고 넘어가는 식으로 하면 된다. 다음날 수업의 이해도를 위해서도 예습은 필수로 하도록 하자. (모르는 단어 체크만이라도!)

교수님을 자주 찾아가자
사실 수업을 듣다보면 무슨 소리인지 이해가 안 되는 경우가 정말 많다. 이해가 안 되면 꼭 체크해 놓고 복습할 때 다시 한 번 보도록 한다. 다시 봤을 때 이해가 되는 경우가 80%는 된다. 대부분은 뜻을 몰라 이해가 되지 않는 경우이긴 한데 가끔 문맥 자체가 이해되지 않는 경우도 있다. 그럴 때는 부끄러워하지 말고 그냥 교수님을 찾아가 막 들이대도록 하자! 우리가 충분히 어려워하는 걸 알고 있는 분들이니까 편하게 생각하고 그분들 도움을 많이 받도록 한다.

앞자리 앉기

이건 진리라고 할 수 있다. 교환학생으로 갔다고 해서 적용되는 법칙이 아니라 한국에서도 적용되는 법칙이다. 앞자리에 앉게 되면 뭔가 중요한 직책이라도 맡은 기분이 든다. 교수님과의 눈맞춤도 많아지고, 눈맞춤이 많아지면 당연히 교수님이 나를 기억하게 되고, 그래서 어떤 책임감 같은 것도 생기는 것 같다. 당연히 졸지 않고 수업을 열심히 듣게 되고, 결국 성적도 자연스럽게 올라가게 된다. 미국이든 한국이든 성적 향상과 직결되는 거니까 부담스러워도 앞자리는 꼭 사수하자!

스윗메이트

어느 가을날이었어. 아, 이야기를 풀어가기 전에 먼저 '스윗메이트'는 어떤 친구들을 말하는 건지 간단하게 설명해 주도록 할게.

내가 머물던 기숙사는 두 사람이 방을 함께 썼어. 그리고 옆방 친구들과 화장실을 쓰는 구조였지. 미국에는 이런 형태의 기숙사가 많은데, 화장실을 함께 쓰는 친구들을 스윗메이트 Suite mate라고 해.

내 스윗메이트는 운동을 하는 친구들이었어. 그래서 그런지 항상 비글미(에너지)가 넘쳤지. 하루는 엄청난 일이 일어났는데, 그때 나는 방에서 숙제를 하고 있었어. 학교에서 큰 풋볼 경기(미식축구)가 열리는 날이었지. 스윗메이트의 친구의 친구까지 몰려와서 다들 열심히 화장을 하고 예쁘게 차려입느라 화장실은 난리판이었어. 화장실에는 거울이 두 개였거든.

어쨌든 그 친구들은 난리굿판을 벌이며 치장을 하고 들뜬 마음으로 풋볼 경기를 보러 나갔어. 나는 여전히 방에 남아 열심히 밀린 숙제를 했지. 그렇게 두어 시간쯤 흘렀을까? 갑자기 내 스윗메이트와 친구들이 비명을 지르며 울어대는 소리가 들려오는 거야. 깜짝 놀란 나는 스윗메이트의 방에서 무슨 일이 벌어지고 있는 건지 궁금해졌어. 벽에 귀를 바짝 들이댔지. 그렇게 파악된 정보로는, 어떤 흉기가 스윗메이트의 몸에 박혀 있다는 거였고, 친구들이 피를 많이 흘려서 피에 젖은 수건을 들고 화장실을 들락날락하고 있었어. 보통 큰 일이 아니라는 걸 직감했지.

나는 화장실로 가서 혹시 도울 일이 없느냐고 물었어. 그 친구들은 고맙다면서 방으로 들어오라고 했지. 방으로 들어간 나는 스윗메이트를 보고는 깜짝 놀랐어. 허벅지에 작은 칼, 그러니까 잭나이프가 꽂혀 있는 거야. 맙소사, 아직도 칼이 허벅지에 칼이 박혀 있는 상황이라니! 그때까지 칼을 뽑아내지 않고 무얼 하고 있는 실까 싶었지.

마음이 급해진 나는 당장 앰뷸런스를 불러서 병원에 가라고 했어. 하지만 친구는 고개를 저으며 거절했어. 앰뷸런스는 비용이 아주 비싸고 병원에 가더라도 곧바로 진료를 해 주지 않는다는 이유였지. 속이 터져 죽을 뻔 했어. 스윗메이트는 계속 소리를 질러대며 울었지. 우리는 친구를 진정시키면서 일단 칼을 뽑아내기로 결정했어. 그리고 내가 그 친구의 다리에 수건을 대고 누르는 동안 다른 친구가 스윗메이트의 손을 꼭 잡으며 이렇게 말했지. "숨 깊게 쉬어, 진정하고, 지금 뺄 거야." 그리곤 힘껏 칼을 뽑아냈어.

난리도 그런 난리가 없었지. 온갖 방법을 동원해 친구를 진정시킨 뒤에 무슨 일이 있었는지 물었어. 친구들과 풋볼 경기장으로 가던 도중에 다른 무리와 사소한 시비가 있었고, 결국 싸움이 벌어졌다더군. 친구가 몸을 돌리는 순간 상대 무리 중 하나가 갑자기 칼로 찌르고 도망갔다는 거야.

내가 좀 답답했던 건 CCTV도 없었고 칼로 찌른 사람 얼굴도 기억이 나지 않는다고 경찰에 신고도 하지 않았다는 거였어. 덕분에 그 친구들은 풋볼 경기를 본 뒤에 근사한 레스토랑에 가서 저녁을 먹으려던 계획을 포기해야 했지.

사태가 일단락 된 뒤에도 그 친구들은 밖으로 나가는 게 너무 무섭다면서 다섯 명이 한 방에서 잤어. 지금까지도 생각만 해도 식은땀이 나는 사건이었지. 말로만 들었던 무서운 일이 바로 내 곁에서 일어나다니…. 미국이란 나라의 두 얼굴을 제대로 경험했다고 할까?

 이 친구들과의 다른 일화가 하나 더 있어. 운동을 전공으로 하는 친구들이라서 그런지 무슨 일을 하든지 파이팅이 넘쳤지. 싸움도 예외가 없었어. 정말 살벌하게 했지.
 여느 때와 다름없던 어느 날, 스윗메이트 친구들이 언성을 높이며 싸우기 시작했어. 미국에 온 지 얼마 되지 않았던 때이기도 하고, 또 미국인들이 싸울 때 쓰는 영어를 처음 들어 봐서 깜짝 놀랐었지. 온갖 기상천외한 욕설이 난무하더군. 이런 걸 보면 한국이든 미국이든 싸울 때는 다 똑같은 것 같아.
 하여튼, 그렇게 한 10분인가 20분인가를 악다구니로 싸우더니만 곧 샤워를 하는 소리가 들렸어. 잠깐의 평화가 찾아온 거지. 그리고 약 20분쯤 뒤, 샤워가 끝남과 동시에 '쾅쾅!' 하고 문을 치는 소리와 함께 고함소리가 터졌어.

"문 열어, XXX!! XX!!"

참 걸쭉한 욕설들이 쏟아졌지. 알고 보니, 방에 있던 룸메이트가 화장실 문을 잠가버렸던 거야. 우리 기숙사 화장실은 안에서 잠그는 게 아니라 밖에서 잠그는 방식이었거든.

한바탕 욕설 샤우팅이 몇 분 정도 쏟아진 뒤, 그 친구가 우리 방과 연결된 문을 두드렸어. 잠깐 우리 방에 있어도 괜찮겠느냐면서. 나는 얼떨결에 고개를 끄덕였지. 스윗메이트는 알몸으로 우리 방으로 들어왔고, 나는 좀 안쓰럽기도 하고 민망하기도 해서 큰 타올을 건넸어. 그렇게 한 30분쯤 흘렀을까? 옆방 룸메이트가 화장실 문을 열어놓고 어디론가 도망을 가는 것으로 사건은 종결됐지.

그날 이후 그 친구들은 싸우기만 하면 샤워할 때마다 문을 잠갔어. 자연스럽게 우리 방은 대피소 역할을 했고. 어쨌든 비글미 넘치는 그 친구들 덕분에 나는 백인 여성 나체에 점점 익숙해지는 덤을 챙기는 기회를 누렸지.

쌩- 하고 지나가지 말고 먼저 말 걸며 인사해보자. 반가운 듯 은근슬쩍 포옹을 해도 괜찮다. 포옹은 친밀감을 높여주는 가장 최고의 도구니까!

Hey, Hi :)

How are you doin today

말 걸기

처음 인사를 건네면 점점 일상적인 대화의 주제로 이야기가 흘러가게 된다. 그러다가 방과 후, 주말 이야기가 나오면 처음에는 그냥 내 이야기 위주로 하다가 나중에 같이 놀거나 어디 가자고 슬쩍 물어본다. 전화번호 같은 경우 너무 빨리 물어보면 상대방이 부담스러워 한다. 그러니까 처음에 그렇게 놀자고 약속을 잡고 헤어진 다음에 나중에 또 만났을 때 "그때 물어보려고 했는데 물어보지 못했어. 번호 알려주라~" 이러면서 능청스럽게 물어보면 된다. 그러면 상대방 쪽에서도 나에 대해 거부감이 없기 때문에 더욱 쉽게 친해질 수 있다!

무서운 식당아줌마

 학생식당에서 똑같은 음식들만 먹다보니 점점 물리기 시작했어. 매일 매일 햄버거, 피자, 빵만 먹다 보니 질릴 때도 되었던 거지. 그래서 가끔 한국음식이 먹고 싶으면 학교 식당에서 재료를 챙겨 직접 요리를 해먹었어. 사실 레스토랑에 갈 수도 있었지만 우리 학교가 워낙 시골에 있다 보니 가까운 곳이라고 해도 차를 타고 나갈 수밖에 없어서 직접 요리를 해먹을 수밖에 없었지. 원래 나는 요리에 소질이 없었지만 하다 보니까 자연스럽게 늘더군. 환경이 사람을 만든다는 말은 정말 사실인가 봐.
 보통 미국 주립대학교 학생식당은 뷔페로 이루어져 있어. 그래서 나는 학생식당을 마트처럼 이용했는데, 내가 제일 자주 챙겨왔던 재료는 샐러드 바에 있는 양파였어. 그날도 한국음식이 생각나서 친구들과 요리를 해먹자고 생각하고는 재료를 구하기 위해 학교 식당으로 향했지. 학교식당에 도착한 나는 재료를 물색하고 음식을 싸갈 수 있는 작은 플라스틱 박스를 받아서 재료를 담기 시작했어. 샐러드 바를 담당하는 흑인 아주머니와 반갑게 인사를 나눈 다음에.

그때 갑자기 어둠의 그림자가 덮쳤어. 흑인 아주머니가 나를 매섭게 쏘아보시며 "너 뭐하냐?"고 하시는 거야. 눈치가 없는 나는 천진난만하게 대답했지. "양파를 담고 있는 데요." 그러자 갑자기 흑인 아주머니가 좀 화가 난 표정으로 내가 서 있는 로비로 나오셨어. 양파를 담던 가녀린 내 손은 알 수 없는 두려움으로 떨려오기 시작했지.

흑인 아주머니는 내 옆으로 다가오시더니 이렇게 말했어.

"너는 왜 양파만 담는 거지? 솔직히 말해봐. 이걸로 뭘 할 거야?"

추궁하듯 언성을 높이시는 그분을 보며 나는 너무 무서워서 죄송하다면서 벌벌 떨었어. 미국에 와서 처음 야단을 맞는 거여서 너무 무서웠지. 나는 되돌려줘야겠다고 생각하고 말없이 양파를 담았던 상자를 건넸어. 그러자 흑인 아주머니는 "엥?" 하고 되물으셨어. 알고 보니 그냥 궁금해서 물어봤다는 거야!

"아…."

그제야 상황을 파악한 나는 마치 아무 일도 없었던 것처럼 멋쩍은 웃음과 함께 농담을 주고받으며 무사히 양파를 가져다가 맛있는 요리를 해먹었지.

그때의 경험으로 느낀 게 하나 있어. 사실 흑인들은 억양이 좀 세고 목소리가 커서 나처럼 오해하는 경우가 종종 생길 수 있다는 거야. 그러니까 우리의 고정관념이 이런 오해를 불러일으키게 만든다는 거지. 고정관념, 편견이 세상을 똑바로 제대로 바라볼 수 없게 만드는 것 같아.

이제부터는 우리 내면에 자리 잡고 있는 모든 편견들을 버리도록 하자.

H. D. 소로라는 사람은 이렇게 말했대.

"편견을 버린다는 것은 그것이 언제일지라도 절대로 늦지 않다."

미국 친구들을 위한 한국식 바비큐 파티, Monroe, LA
루이지애나 주립대학교 학생식당, Monroe, LA
파티 그리고 내가 제일 좋아하는 맥주, Monroe, LA

플로리다 도토리 사건

　날씨가 정말 화창한 날이었어. 학교에 가기 위해 버스 정류장으로 향하던 길이었지. 매일 아침 학교에 갈 때마다 마주치는 이웃들, 그리고 산책을 나온 강아지들과도 반갑게 인사를 나누며 기분 좋게 길을 나섰지. 그때였어. 갑자기 둔탁한 뭔가가 떨어져 내 머리를 때리는 거야. 내 머리를 명중시킨 그 '둔탁한 무언가'의 정체를 생각할 틈도 없이 고통이 몰려왔지. 그리고 점점 기분이 안 좋아 지기 시작했어. 누군가 그 '무언가'를 던져 내 머리를 맞춘 것이라고 생각했기 때문이었지.

　그때까지 인종차별을 당한다는 생각을 해본 적이 없었는데, 미국은 인종차별을 이런 식으로 하는 건가? 하는 온갖 생각으로 머릿속이 복잡해지기 시작했어. 나는 위에서 누군가 나를 타깃으로 그 '둔탁한 무언가'를 던져 내 머리를 맞춘 거라고 거의 200퍼센트 확신했지. 그런 생각이 들자 아직도 아픔이 가시지 않은 머리통을 만지작거리며 내 발 끝에 떨어진 '둔탁한 그

무언가'의 정체를 확인했어. 자세히 가서 보니 동그란 타원 모양의 갈색 열매였지. 그래, 도토리더라고. 그렇다면 도대체 누가, 왜, 어째서 도토리를 내게 던진 거지? 그것도 하필 머리에?

의문과 함께 화가 올라오기 시작했어. 범인을 확인하려고 위로 시선을 옮겼지. 내 눈에 들어오는 건 눈부신 파란하늘뿐이었어. 주변엔 1층짜리 주택밖에 없었고, 위에서 도토리로 내 머리를 맞힐 만한 장소는 찾을 수가 없었어. 그때였어. 전깃줄에 다람쥐한 마리가 앉아 나를 빤히 쳐다보고 있는 게 아니겠어?

'응? 다람쥐? 설마… 너?'

그래…, 범인은 다람쥐였어. 너무 황당하고 어이가 없어서 웃음만 나왔지. 다람쥐에게 화를 내고 책임을 물을 수는 없는 거잖아. 그래서 한국말로 이렇게 말해줬어.

"너, 그렇게 사는 거 아니다!!"

지금 생각해도 어처구니가 없는 해프닝을 가지고 그 짧은 순간 인종차별에 따른 공격을 받았다고 생각하다니. 아마도 미국에 대한 선입견이 그렇게 상황을 판단하도록 만들었을 거야. 이것도 내가 가지고 있었던 편견이었겠지. 다람쥐 덕분에 다시 한번 깨우침을 얻었던 순간이야.

"고마워, 다람쥐야!"

하교길, Fort lauderdale, FL

어쩌다 지옥훈련

 미국에서 교환학생으로 보내던 첫 학기 동안 내게는 정말 아름다운 추억을 함께 했던 친구가 있었어. 같은 학교에 다니는 미국인 남자 친구였지. 우리는 첫 번째 학기가 끝남과 동시에 헤어졌는데, 그다지 좋은 이별은 아니었어. 그래서 새 학기가 시작된 뒤에는 그 친구와 마주치지 않으려고 별의 별 노력을 다 하고 있었지.

 새 학기 시작과 함께 나는 새 사람으로 다시 태어나자고 결심했어. 우선 가벼운 운동을 시작하자고 마음을 먹은 거야. 원래 나는 운동을 아주 싫어했지만 새 학기가 시작된 만큼 새롭게 태어나자고 마음을 먹었던 거지.

 나는 수업이 끝나고 나서 운동을 하기 위해 학교의 실내 운동센터로 향했어. 그런데 그날따라 뭔가 왠지 운동을 하러 가기가 싫은 거야. 그때 내 느낌을 믿었어야 했어. 하지만 나는 그런 불안한 예감을 깨끗이 무시하고 가볍고 즐거운 마음으로 운동센터로 갔지. 운동은 즐거운 거니까!

 잠깐 운동센터에 대해 부연 설명을 하고 넘어가려고 해. 우리 학교 운동센터는 2층으로 되어 있는데, 1층에는 웨이트 룸과 에어로빅 룸, 농구 코트, 테니스 코트, 스쿼트 룸, 배구 코트, 배드민턴 코트, 탁구장이 있고, 2층에는 러닝트랙과 함께 러닝머신, 자전거와 같은 유산소운동 기구들이 배치되어 있어. 2층짜리지만 꽤 규모가 큰 건물이야!

1층 데스크에서 땀수건을 받고 기분 좋게 2층으로 올라가 트랙을 돌기 위해 몸을 풀고 있을 때였어. 하필이면 그 시간에! 자전거를 타고 있는 헤어진 남자친구가 보이는 거야.

일단 마주치면 절대 안 된다는 생각을 했어. 나는 황급히 수건으로 얼굴을 감싸고 눈앞에 보이는 계단으로 향했지. 그때였어. 어떤 기운 같은 걸 느꼈던 걸까? 그가 두리번거리면서 나를 찾는 거야! 아, 제발! 난 원래 종교를 가지고 있지 않았지만 그때는 세상의 모든 신들을 향해 마음속으로 오백 번은 빌었던 것 같아. 그와 마주치지 않게 해달라고.

일단 어디든 숨어야겠다는 생각뿐이었어. 그때 내 눈에 띄었던 게 바로 에어로빅 룸이었어. 나는 일단 그 방으로 들어가 숨어서 조그마한 창문으로 열심히 바깥 상황을 확인했지.

그때였어. 갑자기 뒤에서 근육질의 흑인 언니가 내게 말을 거는 거야. "헤이!"그러면서 "블라블라—" 말을 쏟아내는데, 사실 알아듣지를 못했어. 나는 얼결에 알아들은 척 "Yes!!"라고 대답했지. 그러자 그 언니는 음악을 틀더니 이렇게 말했어.

"자, 그럼 시작해보자!"

나는 당황했어.

"뭘 시작하자는 거예요?"

알고 보니 그 시간대에는 에어로빅 수업이 있었는데, 참가한 사람이 하나도 없어서 그 언니 혼자서 학생을 기다리고 있었던 거였어. 나는 "O… only me?"(저 혼자인데요…?)라고 물었지. 그 언니는 상관없다며 활짝 웃었어.

나는 도망칠 수 있을 때 사력을 다해서 도망쳤어야 했어. 하지만 전 남자친구와 마주치기는 게 죽기보다 싫었던 나는 그녀의 웃음을 외면하지 못했지.

그 언니는 5킬로그램짜리 덤벨 네 개를 가져와 그 커다란 에어로빅 룸 양쪽 끝에 각각 두 개씩 놓았어. 그리고 가벼운 스트레칭을 하자고 하더군. 나는 별 생각 없이 그 언니를 따라 흥겨운 리듬에 맞춰 몸을 풀었어. 그 길이 내 황천길이 될 거라고는 미처 생각도 하지 못했지. 그렇게 시작된 운동은 정말 '지옥의 끝!!'을 보여주는 운동들이었어. 덤벨을 들고 스쿼트를 하며 50분 동안 에어로빅 룸을 왕복하는 거였는데, 언니가 조금 얄미웠던 것은 자기는 하지 않으면서 내 앞에서 박수를 치며 구령만 붙인다는 거야.

"예아!! 원!! 투!! 예야!!! 쑤뤼!!!!"

내가 몸을 바들바들 떨면서 진짜 더 이상은 못하겠다고 할 때마다 그 언니는 박수를 치면서 소리쳤어.

"포기하지 마!! 너는 할 수 있어!! 포기란 없어!!"

지옥의 50분이 끝나자 나는 네 발로 기어 다닐 정도로 기진맥진해졌고, 온몸이 땀으로 젖어 숨을 거칠게 몰아쉬며 에어로빅 룸에 뻗었어. 뉴턴의 중력이 한없이 원망스러웠던 순간이지.

그리고 정신 줄을 놓아버리기 딱 몇 초 전쯤이었을까? 내 얼굴 위로 검은 그림자가 드리워지더니 흑인 언니가 유난히 하얀 이빨과 함께 환하게 웃으며 내게 말했어.

"다음 수업 때도 같이 운동 할 거지?♡"

나는 그대로 벌떡 일어났어. 그리고 "NO!!!"를 외치며 뒤도 돌아보지 않고 도망쳤어. 그 이후 나는 약 1주일이 넘게 근육통에 시달렸고 운동센터에는 두 번 다시 가지 않았지. 그렇게 새사람으로 다시 태어나고 싶었던 나의 새 학기 계획은 시작부터 처참하게 무너지고 만거야.

우리는 사실 상처를 받을까봐, 혹은 두려움 때문에 정면으로 맞서지 못하고 도망칠 때가 많잖아. 하지만 늑대를 피하려다가 호랑이를 만나는 것처럼 종종 도망치는 것이 더 나쁜 결과를 불러오기도 하는 것 같아.

웬만한 학교 운동장보다 넓었던 에어로빅 룸, Monroe, LA

Tip.

영어가 빨리 느는 법

노트를 항상 소지하라
나는 항상 작은 노트를 들고 다니면서 모르는 단어가 들리면 즉시 적고 시간이 생길 때마다 들여다 봤다. 단어를 적을 때는 어떤 상황에서 그 단어가 쓰였는지 적고, 또 그 단어에 대한 예문까지 적어서 한 번 적은 단어는 절대 잊지 않으려고 노력했다. 그러다 보니까 점차 알게 된 단어가 많아지고 아는 단어가 많아지니까 점점 말이 귀에 들리게 되었다.

카페를 이용하라
나는 카페에 자주 갔다. 미국에 가서 카페에서 공부하는 버릇 들게 된 것 같다. 사실 영어 실력을 늘리기 위해 카페에 가는 것은 현지에 있던 선생님이 추천해주기도 했던 방법이다. 영어로 "Fly on the wall"이라고도 불리는 방법으로 카페에 가서 옆 사람들의 대화에서 들려오는 슬랭이나 단어들을 전부 노트에 적고 뜻을 외우는 것이다. 한국어로 적어도 되고 영어로 적어도 된다.
나는 이걸 거의 게임처럼 즐기면서 했었는데, 한국어로 적었을 때는 그 메모를 원어민 친구들에게 그대로 들려주면서 뜻을 알려달라고 했었다! 정말 효과적이니까 꼭 한 번 해보도록 하자.

미드 시청

미드를 통해서 배우는 것은 솔직히 영어 습득에 시간이 좀 걸리는 방법이긴 하다. 미드를 추천하게 되면 보통 물어보는 공통사항들이 자막을 켜놓고 보는 것과 자막 없이 보는 것으로 갈리는데, 이건 본인 영어 레벨에 따라서 좀 다른 것 같다.

영어가 조금 부족한 수준이라면 자막을 켜놓고 한 번 보고, 영어 자막을 켜놓고 다시 보고, 또 자막이 아예 없이 다시 보는 게 좋을 거 같다.

영어가 중간 정도 되는 수준이라면 한국어 자막 없이 바로 영어 자막으로 돌려서 보도록 한다. 이렇게 반복적으로 시청하면 영어가 순식간에 갑자기 늘어 있는 자신을 발견하게 될 것이다.

*공통사항 : 유학이나 연수를 갔다면 무엇보다 중요한 건 밖으로 나가서 '경험하기'이다. 최대한 많은 친구를 만들고 그 친구들과 함께 어디든 좋으니까 떠나보자! 놀면서 배우는 게 어떤 공부 방법보다도 제일 빨리 늘 수 있는 방법이다. 유학이나 연수를 하러 먼 곳까지 가서 기숙사나 방에서 공부하지 말도록 하자. 방에 앉아서 하는 공부는 한국에서 하는 것이다!

까르페 디엠을 생각하며!

천둥 번개를 동반한 비가 일주일 내내 내리던, 그래서 공연히 기분이 처지고 우울해졌던 날들이 있었어. 평소처럼 울리는 알람 소리도 공연히 시끄럽고 짜증나게만 느껴졌고 일어나서 씻고 학교를 가는 평범한 날들에 조금은 지쳐 있었지. 그냥 갑자기, 아무런 이유도 없이, 아무것도 하기가 싫어지더군. 핸드폰으로 친구에게 문자를 보내는 것도, 전화를 하는 것도, 텔레비전을 보는 것도 다 귀찮기만 했어. 방에서 하루 종일 아무것도 하지 않고 누워만 있었던 것 같아. 그렇게 핸드폰도 꺼놓고 기숙사에 하루 종일 혼자 있다 보니까 세상과 점점 격리되는 느낌이 들더라고.

원래 새로운 환경에서 적응을 할 때 1년을 기점으로 3개월, 6개월, 9개월, 12개월 차에서 힘든 시기가 찾아온다는데, 나는 아무것도 손에 잡히지 않아 나는 해야 할 일을 모두 미뤄두고 일주일 동안을 아무것도 하지 않고 지냈어. 룸메이트도 점점 나를 걱정하기 시작했고 미뤄둔 일들이 점점 쌓이다 보니 앞으로 해야 할 모든 일들이 벅차게 느껴졌지. 시험은 다가오는데 시험공부는 너무나 하기가 싫고, 그렇다고 친구들을 만나는 것도 하나의 스트레스로 다가왔어. 티를 내지는 않았지만 친구들과 대화를 나눌 때 리액션을 열심히 해 줘야 한다는 압박감에 내적으로 스트레스가 쌓였던 것일까?

나는 여기서 뭘 하고 있는 것인지, 잘하고 있는 것은 맞는지, 지금까지 지냈던 일들 그냥 좋았던 추억으로 남기고 한국으로 돌아가는 게 나은 것은 아닌지…. 계속해서 이런 생각만 반복적으로 하면서 그냥 한국으로 빨리 돌아가고 싶다는 생각만 되뇌었던 것 같아. 사무치게 외로웠고 이 세상에 나 혼자만 남겨졌다는 생각만 들었어.

노래를 들어도 뭔가 그냥 다 내 이야기 같은 느낌이 들었고 오갈 데 없는 사람처럼 마음이 한없이 답답했어. 나보다 덩치도 크고 생김새도 다른 사람들 사이에서 보내야 하는 생활을 버텨내야 한다는 데서 나 자신도 모르게 많이 위축되고 힘이 들고 지쳤었나봐.

흘러가는 시간과 함께 자존감이 나락으로 뚝뚝 떨어졌지. 이만큼이나 미국에 머물렀는데도 생각보다 영어가 느는 것 같지도 않았고 생각했던 것만큼 적응도 잘 되지 않는 것 같았고, 한국으로 돌아갈 날짜만 세고 있는 거 같아서 스스로도 '지금 뭘 하고 있는 건지' 나 자신이 한심하게 느껴지는 거야.

적응하면 괜찮아질 거라고 응원해 주는 친구들 말도 귓등으로 들렸어. 마음을 털어놓고 이야기를 나눌 사람이 없다는 게 어떤 느낌인지 알게 되었지. 모든 걸 포기하고 돌아가고 싶은 생각뿐이었어.

전화기를 들고 부모님과 한참 통화를 했어. 하지만 내가 즐겁게 지내고 있을 거라 생각하실 부모님을 생각하니 그냥 돌아갈 수가 없겠는 거야. 힘들어도, 지금 힘들더라도 일단 버티자는 생각이 들었지. 그리고 내 미래를 위해 하루만, 하루만 더… 하는 심정으로 견디다 보면 어느 샌가 입도 귀도 뻥 뚫리는 날이 오지 않을까 생각하면서, 마음을 다잡고 내일부터 해야 할 일들을 목록으로 차근차근 작성했어.

혹시 까르페 디엠이 무슨 뜻인지 알아? 까르페 디엠은 스페인 말이야. 뜻은 "이 순간을 즐겨라."라는 뜻이래. 이 순간을 즐기며 나 자신을 아끼고 사랑하자는 말인데, 지금은 내 인생의 모토가 된 말이지. 눈 딱 감고 마음을 잘 다스리면서 생각해보니까 사실 그렇더라. 지금 이 순간만이 힘든 시간이 아닌 거. 그리고 나 혼자만 힘든 시간을 보내고 있는 게 절대로 아니라는 거. 학교를 졸업하면 취직하기도 힘들 거고, 취직을 한다고 해도 무수히 많은 힘든 시간들이 있을 텐데, 앞으로 닥칠 그 시간들을 생각해보고 지금은 아무것도 아닐 수 있다고 생각해보니까 뭔가 참을 수 있겠더라고.

그날 이후로 내가 해야 할 리스트를 하나하나 해치워갔어. 빨간 줄이 하나 둘씩 늘어갈 때마다 쾌감이 생기더라. 할 게 너무 많아서 나만큼 '노답'인 사람도 있을까 많이 걱정했는데, 결국은 밀린 과제들도 제 시간 안에 전부 제출했고, 나를 걱정하던 친구들도 바뀐 내 모습을 보면서 마음을 놓았어.

특히 미국이라는 낯선 곳에 가족도, 친구도 없이 홀로 생활하다 보니 우울한 감정이 들 때가 많았는데, 다들 그거 알지? 내가 우울하면 내 눈을 통해 보이는 세상이 전부 우울하게 보이는 거. 이유 없이 찾아오는 외로움, 우울함. 그때 나는 생각했어.

'내가 평소에 뭘 좋아하더라?'

'어떤 걸 하면 기분이 좋아지더라?'

그렇게 내가 좋아하는 걸 생각하다 보니 점점 기분이 괜찮아졌고 원래의 즐겁고 활기찬 나로 돌아올 수 있게 되었어. 사실 항상 즐겁기만 한 사람은 없는 법이잖아.

나는 삶을 살아가는 동안 마주칠 수밖에 없는 '우울한 기분'과도 사이좋게 지낼 수 있어야 한다고 배우게 됐어. 마음이 우

키웨스트 석양, Key west, FL

울해질 때면 나 스스로 자연 치유를 할 수 있는 시간을 주도록 해야 한다고 깨달았지.

내가 무엇을 가장 좋아하는지, 내가 나를 먼저 알고 소중히 대해 주자. 그게 우울함이 찾아왔을 때 극복할 수 있는 첫 걸음이라고 생각해. 잊지 말자, 카르페 디엠! 순간을 즐기며 내 자신은 내가 제일 많이 사랑해 주기!

샹그리아 사건

 미국에는 큰 명절 중 하나인 '이스터 홀리데이'가 있어. 그날은 대가족(혹은 친구들)이 함께 집에 모여서 식사를 하고 이야기를 나누는 시간을 가져. 그런 이스터 홀리데이 때 친구의 초대를 받아서 그의 가족과 함께 시간을 보내게 됐는데, 친구의 어머니부터 할머니, 그 할머니의 친지들까지 한 스무 명 정도가 모여서 점심식사를 같이 했던 거지.
 그렇게 점심식사를 마치고 집으로 돌아가려고 하는데, 친구의 외할머니께서 친구에게 줄 잼이 있다며 할머니네 집에 잠시 들렀다 가라고 하셨어. 그래서 나는 친구 차를 타고 외할머니네 집으로 갔지. 그런데 할머니는 잼을 건네주시며 뒤뜰에 있는 벤치에 앉아 잠깐 수다나 좀 떨다가 가라고 하시더라고. 딱히 할 것도 없던 친구와 나는 고개를 끄덕이고는 뒤뜰로 향했지.

우리가 벤치에 앉아 기다리는 동안 할머니가 커다란 유리병에 담긴 술을 들고 오셨어. 나는 '샹그리아'의 존재를 그때 처음 알았는데, 과일 와인이라고 해. 할머니가 맛을 한번 보라면서 잔에 따라주셨는데, 내가 알고 있는 씁쓰레한 와인과는 달리 아주 달았어. 내가 살짝 맛만 보고 내려놓으니까 할머니는 갑자기 샹그리아가 가득 담긴 잔을 들어 비우시더니 이렇게 말씀하셨어.

"원샷 해!"

"네? 뭐라구요?"

내 귀가 잘못된 건가? 아니면 제대로 못 알아들은 건가? 할머니가 '원샷'을 하라고 말씀하시다니! 나는 적지 않은 문화충격을 느끼며 다시 한 번 물었어. 할머니는 호탕하게 웃으시며 내가 들은 게 정확하다면서 잔말 말고 '원샷'을 하라는 거야.

그렇게 이런저런 이야기를 하며 한 잔, 두 잔 비워 나갈 때쯤, 두 번째로 놀랄 일이 일어났어. 할머니가 갑자기 주머니에서 한국 담배를 꺼내시더니 테이블에 턱- 올려놓는 거야. 그리곤 한 개비 꺼내 입에 무셨지. 세상에 태어나서 할머니가 담

어마어마한 크기의 상그리아와 할 머니의 사랑과 함께 가득 찬 내 잔, Shreveport, LA

타지에서 Korea를 만난 반가움, Shreveport, LA

배를 태우는 모습을 처음 봤던 터여서 그런지 내게는 아주 생소했어.

입을 떡 벌리고 있는 내 표정을 보고 할머니가 왜 그러느냐고 물었어. 지금 생각해보면 할머니가 담배를 피우지 말라는 법도 없는 건데 잠재적으로 할머니는 담배를 피우면 안 된다는 고정관념이 뇌 속에 깊이 뿌리박혀 있었나봐. 한국 담배를 피우신다는 것에서 출처가 불분명한 작은 뿌듯함을 느꼈던 것도 같은데, 어쨌든 우리는 계속해서 샹그리아를 마셨어. 아니, 들이켰다 혹은 마셔댔다는 표현이 더 맞을지도 모르겠네?

할머니는 내 잔이 비워질 때마다 자꾸 몰래 잔을 다시 채우셨지. 결국에는 그 큰 샹그리아 병 하나가 비자, 한 병을 더 가져오시면서 이걸 다 마시면 집에 보내주시겠다고 하셨어. 그렇게 계속 마시다가 우리는 두 번째 샹그리아 병까지 비우게 되었고 결국 나는 취하고 말았어. 그래도 취한 모습을 보이는 건 어른에 대한 예의가 아니라고 생각한 동방예의지국 출신인 나는, 이제 그만 조금 취해서 집으로 돌아가야 할 것 같다고 말씀드렸지. 그러자 할머니는 "굿!"이라고 하시면서 또, 또!! 그 커다란 샹그리아 술병을 가져오시는 거야. 오늘 너무 즐겁다며 이렇게 술 마시는 게 오랜만이라고, 자기랑 조금만 더 이야기하고 가라고.

  사실은 조금 짠한 마음이 들었어. 지금까지 얼마나 외로우셨으면 이렇게 술을 드시는 걸까 생각했었는데, 나중에 알고 보니까 그건 할머니의 일상이었던 거야. 아주 깜빡 제대로 속은 거지.

  네 시쯤 도착해서 잠깐 이야기만 하려고 앉은 거였는데, 해는 이미 기운 지 오래였고 시간은 벌써 오후 여덟시가 다 되어가는 상황이었어. 하지만 내 친구까지도 오랜만에 술을 마셔서

인지 너무 신이 나 있는 상황이어서 집에 가자고 말할 수가 없었지. 할머니는 또 샹그리아를 '원샷!' 하셨고 심지어 머리 위에 잔을 털기까지 했어. 할머니는 우리도 그걸 따라 하길 원하셨고 그렇게 한 잔, 두 잔 계속 잔을 비움과 동시에 나는 점점 이성의 끈을 잃어갔지.

결국 최대한 공손하게 보이고 싶었던 나는 할머니가 점점 친근하게 느껴지기 시작했고 나중에는 할머니가 친구로 보이기까지 했지…. (침묵) 나는 주체할 수 없는 취기 속에서 재치 넘치는 할머니의 입담에 이렇게 떠들었어.

"OMG, You're FUCKING hilarious!!! Holly shit, you're GOD DAMN hilarious!!" (직역: 아 할머니 너 존-나 웃기다! 아 진짜 존-나 웃겨! 하하하!!)

그 순간 슬쩍 분위기를 살피던 친구가 크게 웃기 시작했고, 할머니도 크게 웃기 시작했어. 나는 눈치가 없어서 내가 뭘 잘못했는지도 모른 채 더 크게 웃었지.

지금 생각해보면 분위기를 깨지 않으려고 친구와 할머니가 웃음으로 넘겨주신 것 같아. 우리는 그렇게 배가 찢어질 때까지 웃었어. 결국에는 우리 모두 잔뜩 취해서 할머니네 집에서 자고 가기로 하고 마치 서로 백년지기 친구라도 된 것처럼 다정하게 어깨동무를 하고 노래를 부르면서 집으로 들어갔지.

원래 할머니는 우리가 잘 방을 안내해 주시고 할머니 방으로 가려던 계획이셨는데, 우리를 방으로 안내해 주시고는 씻는 것도 잊은 채 그대로 우리와 함께 같은 침대에서 잠이 들었어. 아마 할머니도 취해 있었던 것 같아.

그날 이후로 나는 그 할머니랑 절친이가 되었어. 할머니네 집에 자주 놀러 가기도 했지. 할머니는 종종 나의 술친구가 되어주시기도 하셨고, 퍼즐을 맞추면서 여가시간을 함께 보내는 친구가 되어주기도 했고, 배고플 땐 맛있는 음식을 해 주시는 제2의 어머니 같은 존재가 되었어. 사실 이런 일이 있기 전에는 나이가 드신 분들과 내가 친구가 될 수 있을 거라고는 생각지도 못하고 있었지. 나이는 정말 숫자에 불과한 것 같다는 생각이 들었던 순간이야.

부칠 수 없는 편지

　문득 보고 싶은 사람들이 유독 그리워지는 날이 있어. 아마도 외로웠기 때문일 거야. 나는 스타벅스에 자주 가곤 했는데, 그 카페에 앉아 음악을 들으며 쪽지시험 공부를 하고 있을 때도 그랬던 것 같아. 아주 익숙한 음악이 흘러나오는 순간 나도 모르게 갑자기 웃음이 나더라고. 바로 중학교 때 친구랑 노래방에서 가수 오디션에 나가겠다고 열심히 연습했던 노래였지. 그때는 어떻게 그런 거창한, 말도 안 되는 꿈을 꾸면서 오디션 준비를 한다고 했던 건지, 하는 생각이 들어서 나도 몰래 피식 웃음이 났던 거야. 그리고 그 순간 머릿속으로 많은 생각들이 스쳐갔지. 친구만 있다면 더 이상 아무것도 필요치 않다고 생각했던 순간들, 영원할 것이라 믿었던 우정, 그리고 바쁜 일상에 치여서 잊고 지내다 정말로 과거로 사라져간 친구들, 지인들에 대해서….

키웨스트 석양, Key west, FL

문득 그들이 못 견디게 보고 싶어졌어. 그러면서 궁금해졌어. 내가 낯선 땅에서 하루하루 고군분투하며 살아가고 있는 동안 다들 어디에서 무엇을 하며 지내고 있을까 하는 이런 저런 생각들. 그리고 마음속으로 편지를 썼어. 너도 나처럼 이렇게 가끔 내 생각을 하고 있느냐고, 너도 나처럼 바쁘게 그래서 때로는 힘겹고 정신없는 하루하루를 보내고 있느냐고. 나는 이곳에서 지내는 동안 몸무게가 좀 불었고 나름 좋은 성적을 받고 싶어서 열심히 공부하고 있다고.

지치고 힘들 때 유독 옛날 생각이 많이 난다는 게 사실인거 같아. 그래서였을 거야. 철없던 중학교 시절 친구들, 고등학교 친구들, 대학교 친구들, 여러 가지 일을 통해 만났던 모든 소중한 인연들…. 함께 했던 추억 하나 하나가 떠올랐어. 그리고 나는 너무나 값진 경험이었다고, 많이 보고 싶다고 마음의 편지지에 썼어.

사실 우리는 모두 알고 있지. 우리가 그렇게 만나게 된 모든 일들이 사소한 인연인 것 같아도, 그런 게 절대 아니라는 걸. 세상은 많이 변했고, 그 시간의 흐름에 올라탄 채 이렇게 나이를 먹고, 얼굴이 달라지지만 그래도 변하지 않는 게 있다는 걸. 먼 미래의 어느 날 어느 곳에서 서로가 미처 알아보지 못한다고 해도 변하지 않는 그 무엇인가가 남아 있는 거라는 걸. 우리들이 함께 했던 모든 기억들을 머리로, 몸으로 기억하고 있는 한 내가 그리워하는 모든 이들이 나와 함께 하고 있음을 알고 있으니까.

오늘 나는 낯선 땅 카페에 앉아 마음속에 편지를 써. 우리 생에 다시 만날 순간이 주어질지는 알 수 없지만 언제까지 그립고 소중한 존재로 너희들은 내 가슴에 함께하고 있을 것이라고. 그리고 부칠 수 없는 편지에 안부를 물어.
"그리운 이들아, 안녕!"

스위니 토드

내 전공은 무대 연출이야. 그래서 내가 듣는 전공 수업들은 전부 연기, 춤, 음악, 영상과 관련된 것들이었는데, 어느 날 전공 교수님께서 학교에서 규모가 큰 뮤지컬 행사를 준비하고 있는데 참여해보지 않겠느냐는 제안을 하셨어. 그렇게 맡은 내 역할은 조연출을 도우면서 조연출의 역할을 배우는 거였지. 몇 주 동안 연습이 진행됐는데, 조연출 친구가 내게 한 가지 제안을 했어. 자기가 하는 일은 비교적 간단한 거니까 더 실질적인 조명을 배워보는 것은 어떻겠느냐는 거였지.

결국 나는 포지션을 옮겨 조명 쪽으로 들어가게 됐는데, 사실 연습 기간 동안에 연출이나 조명만 배웠던 것은 아니고 뮤지컬 연습에도 몇 번 참여를 했었어. 별 다른 역할을 받았던 것은 아니고 배우가 연습에 나오지 못하면 대신 '땜빵'을 하는 거

뮤지컬 스위니 토드 공연 후, Monroe, LA

였지. 그렇게 몇 달 동안 연습이 진행되는 동안 같은 전공을 공부하는 친구들과도 많이 친해졌고, 연습 분위기가 한국과 많이 다르다는 것도 알게 됐어.

그렇게 하루하루 시간이 흘러 첫 공연이 며칠 앞으로 다가왔어. 그때 공연 안내를 맡을 사람이 부족해진 상황이 벌어진 거야. 나는 공연 안내 또한 전공과 관련된 것이니만큼 정말 하고 싶었던 부분이어서 공연 안내를 맡은 매니저에게 다가가 혹시 도움을 줄 일은 없는지 조심스럽게 물어보았어.

그런데 그분은 딱 잘라 "NO!"라고 말씀하시더군. 정말 단호한 표정으로, 내 말이 끝나자마자 허리를 굽혀 눈을 맞추면서 말이야.

"NO, You can NOT do this job."

더도 말고 덜도 아니라 딱 이렇게 말씀하셨는데, 내 영어가 부족하다는 게 이유였어. 공연 안내를 할 때 관객들이 입장을 하면서 무수히 많은 질문들을 할 텐데 내가 그런 질문에 답변을 할 수 없을 거라는 확신을 가진, 날이 선 대답이었지.

그가 차가운 눈빛으로 나를 바라보며 "넌 절대 못 한다. 네가 할 수 있는 게 아니다."라고 말할 때는 좌절감이 확 들었어. 내 영어가 유창하지는 않지만, 그렇다고 부족하다고는 한 번도 생각해보지 않았었는데 말이야.

그때 큰 상처를 받았던 것 같아. 아직도 그때의 감정을 절대 잊을 수가 없어. 사실 그대로 포기할 수도 있었지. 하지만 나는 좌절하지 않았어. 그냥 막연히 이건 내가 얼마든지 잡을 수 있는 기회라고 확신이 들었던 거야. 그리고 그의 입장에서 다시 한 번 생각을 해봤지. 다시 생각하고 또 생각해보니까, 그의 말이 어떻게 보면 당연한 거였어. 그리고 문제를 알고 나니까 이 문제를 풀어낼 방법을 찾을 수 있을 것 같았지. 몇 번을 찾아가서 말씀드리고 설득도 해보고 거절당하고 다시 좌절하는 시간들이 반복됐지만 그럴 때마다 다시 찾아가서 말씀드렸어.

결국에는 매니저 선생님도 나의 끈질김에 무릎을 꿇고 공연 안내를 역할을 주셨지. 그렇게 며칠 뒤, 공연 날이 찾아왔고 나는 내가 할 수 있는 능력 내에서 최대한 열심히 공연 안내를 도왔어. 그리고 공연 안내가 끝나면 바로 조명실로 뛰어 올라가서 조명 컨트롤을 했지. 그렇게 공연이 진행됐던 3일 동안 두 가지 일을 한꺼번에 하느라 조금은 힘에 부쳤지만 할 수 있는 한 최대한 열심히 하려고 노력했어.

마지막 공연이 모두 끝나고 무대 철수만을 앞두고 있었을 때, 갑자기 매니저 선생님께서 나를 무대로 불렀어. 그리고는 "네가 찾아올 때마다 매정하게 대해서 미안하다."고 하시면서 정말 훌륭하게 잘 해냈다고 칭찬을 해 주셨지.

갑자기 지난 3개월 동안의 시간이 주마등처럼 스쳐지나가더라. 그 선생님으로부터 받았던 좌절감, 모욕감, 치욕스러움, 부끄러움 등 모든 감정들이 떠올랐어. 그리고 같은 선생님이 맞는지 의심이 갈 정도로 나를 바라보는 따뜻한 눈빛을 보면서 마

뮤지컬 스위니 토드 철거 작업, Monroe, LA

음속에 쌓여 있던 감정의 둑이 터져버렸어. 고개를 숙인 채 무대 위에서 그렇게 한참을 울었던 것 같아.

나중에 그분은 내가 훌륭하게 역할을 수행했다면서 음악 전공 교수님, 연기 전공 교수님들에게 추천 메일까지 써 주셨어. 그리고는 내게도 개인적으로 연락을 하셔서 훌륭한 연출가가 되길 바란다며 격려의 말씀을 아끼지 않으셨지. 그 말씀 하나하나가 너무 감사했지만, 사실 난 얼떨떨했어. 그 공연에서 두드러진 역할을 했던 것도 아니었고 그저 최소한 피해만 주지 말자는 생각으로 열심히 했던 거였는데, 이런 결과가 따라오다

즐거운 할로윈, Fort lauderdale, FL

니 말이야. 칭찬을 너무 많이 해 주시니까 조금 머쓱하기도 했지만 좋은 결과가 나온 만큼 스스로도 뿌듯했어. 마음만 먹으면 이 세상에서 못할 게 없다는 말이 사실인가 봐.

　하고 싶은 일이라면 누가 뭐라고 하더라도 기죽지 말고 귀찮을 정도로 끈질기게 매달려보는 건 어때? 우리는 아직 젊잖아. 안 되는 것도 없고 못하는 것도 없다는 긍정적인 마음으로 파이팅하자. 다들 파이팅이야, 내가 여기서 응원할 게!

최악, 최악, 최악의 하루

오늘은 내 인생을 통틀어 제일 거지같았던 하루의 1순위, 아니 0순위인 날이었어. 한국 친구들과 주말 동안 학교에서 멀지 않은 곳으로 여행을 가기 위해 약 한 달 동안이나 계획을 세웠고, 그 여행을 실행에 옮기는 대망의 날이었지. 내가 대표로 자동차 렌트를 했는데, 픽업 서비스를 해 주는 학교 근처의 렌터카 회사였어. 우리 학교가 워낙 시골에 있다 보니 차 없이는 정말 아무 데도 갈 수가 없거든.

금요일, 11시에 수업을 마치고 나서 나는 계획대로 렌터카 회사에 전화를 했어. 픽업 서비스를 요청했더니 곧 출발하겠다는 말과 함께 학교 도서관 앞으로 나와 있으라고 하더라고. 나는 늦지 않도록 시간을 맞춰 도서관으로 갔어. 기분 좋게 콧노래까지 부르면서. 하지만 웬걸? 한 시간을 기다려도 픽업 서비스 차량은 깜깜무소식인 거야. 뭔가 착오가 생겼다고 생각하고 몇 번씩 전화를 했지만 가는 중이라는 대답만 기계음처럼 반복되었어. 그렇게 수십 분이 더 흘러서야 드디어 픽업 서비스 차량이 도착했지. 그리곤 그때까지도 나는 앞으로 닥칠 일에 대해선 1도 모른 채 픽업 서비스 직원분과 함께 즐겁게 조잘대며 렌터카 회사로 향했어.

렌터카 회사에 도착해 서류를 작성하고, 주의사항을 들을 때까지는 모든 게 순조로웠어. 이제 결제만 남은 상황이었지. 하지만 다시 문제가 생겼어. 카운터 직원이 내 카드를 긁더니 난감한 표정을 짓는 거야. 불안한 기운이 엄습해오기 시작했지. 카드를 몇 번 더 긁어보던 직원이 시무룩한 표정으로 내게 다가왔는데, 내 신용카드가 사용정지 되어 있다는 거야.
 '아니, 갑자기?! 도대체 왜?!?! 방금까지 잘 썼던 건데??'
무엇보다 문제는 미국에서 렌터카 결제는 렌트를 하는 본인의 신용카드로만 가능하다는 거야. 그리고 나는 신용카드가 한 장 뿐이라는 거지. 한줄기 식은땀이 등을 타고 흘렀어. 어떻게 해야 될지 도저히 모르겠는 거야. 그때 직원이 다가오더니 미국

은행계좌로 등록되어 있는 체크카드가 있으면 달라고 하더군. 사실 준비된 증빙서류가 없으면 체크카드를 받아주지 않는데, 나를 측은하게 여겨 증빙서류 없이 체크카드를 사용할 수 있게 해 주신 거지.

그런데 이 체크카드도 문제였어. 계좌에 돈은 충분히 들어 있었음에도 마지막으로 사용한 지 한 달이 넘었던 터라 카드 사용이 일시정지 되어 있었던 거야. 아, 완전 이게 뭐지 싶더라. 도대체 내게 무슨 일이 일어나고 있는 거냐고!!

머리가 지끈지끈 아파오기 시작했어. 그래도 다행인 건 제대로 멘탈이 털린 나를 지켜보던 선량한 직원이 계약하기로 한 차를 다른 사람에게 넘기지 않고 홀딩을 해 주시겠다고 했던 거야. 그는 나를 은행에 데려다 주기까지 했지.

여기서 한 가지, 미국은 은행 업무가 정말, 정-말, 정--말 느리다는 거야. 내 일이 처리될 때까지 밖에서 기다리고 계실 직원에게 너무 죄송한 마음이 들어서 끝나는 대로 연락드리겠다고 말씀드리고 먼저 보냈어. 초조한 마음으로 기다렸는데, 두어 시간이 흘러갔어도 내 차례는 아직 돌아오지도 않았어. 게 다가 하필, 진짜 하필 오늘은 참여하는 학교 공연 연습이 있는 날이었다는 거야. 오후 2시까지는 연습실에 가야 되는 상황이었지. 시계를 보니 벌써 오후 2시가 다 되어 가고 있었어. 바로 다음이 내 차례였는데, 그냥 연습실로 가야 할지 아니면 조금만 더 기다려서 은행 일을 마치고 갈지 그 짧은 시간 동안 한 200번 정도는 고민을 했던 것 같아.

고민 끝에 나는 은행에서의 일을 마치고 연습실로 가기로 했

어. 주말여행을 기대하면서 기숙사에서 목이 빠져라 나를 기다리고 있을 친구들을 실망시키고 싶지 않아서 카드를 먼저 살리자고 생각한 거야. 먼저 사용 정지된 카드에 대한 상담을 받은 뒤에 카드를 재발급 받기 위해 일일이 수십 페이지가 넘는 서류에 대한 설명을 듣고 서명도 했어. 그렇게 나는 약 한 시간에 걸쳐 새 카드를 받았는데, 은행 직원이 청천벽력 같은 설명을 했어. 월요일부터 카드 사용이 가능하다는 거야.

"네? 거짓말 하시는 거죠? 장난으로 그러시는 거죠? 하하, 정말 지금 무슨 말씀을 하시는 거예요. 오늘은 주말도 아니고 금요일인데요. 저는 지금 바로 사용을 해야 하는데, 어떻게 안 될까요?"

거짓말이 아니고 저 길고 긴 문장을 랩처럼 반복했어. 그리고 돌아오는 대답은 한결같았지. 마음속에서 소나기가 퍼붓고, 번개가 치고, 천둥이 울렸어. 끓어오르는 화를 누르지 못해 심장이 미친 듯이 뛰고 얼굴이 화끈거리고 식은땀이 흘렀어.

'아…. 처음부터 말해줬더라면 공연 연습이라도 갔을 텐데!'

정말 방법이 없느냐고 물어보니, 간단하게, 없대!! 원래 카드를 사용하려면 3일, 길게는 일주일 동안 기다려야 된다는 거야. 아니면 이 지점에서는 처리할 수 없으니 다른 큰 은행에 가라더군. 하지만 나는 차가 없으니 그렇게 할 수도 없었지. 대중교통이 열악하니 선택의 여지가 없었어.

방법이 없으니 서둘러 연습실에라도 가야 했어. 모든 상황이 원망스러웠지만, 후회해도 이미 지나간 일은 지나간 거니까. 나는 밖으로 나와 잠시 숨을 고르고 심호흡을 했어. 학교까지 너무 멀기는 했지만 렌터카 직원을 부르기에는 염치가 없었지.

나는 전화를 해서 렌트 예약을 취소하고 학교를 향해 걸어갔어. 당장이라도 눈물이 날 것 같았어. 여행을 간다고 생각해서 옷도 예쁘게 차려 입었는데, 그냥 모든 게 다 억울했어. 하필 한여름이어서 날씨까지 너무 너무 너무 더웠어. 쨍쨍하게 내리쬐는 햇볕조차 미웠지.

열심히 걸어서 학교에 도착했을 때는 오후 다섯 시쯤이었어. 염치 불구하고 착잡한 마음으로 연습실로 들어가니 모두들 연습을 마치고 집으로 돌아갈 채비를 하고 있었어. 죄송스런 마음으로 교수님께 인사를 드렸더니 엄청 화가 나셔서 '쓴 소리를 쏟아내셨지. 당연한 일이라고 생각했어. 그저 다음 주 연습에서는 최선을 다하겠다고 약속을 드릴 수밖에.

우울한 마음을 안고 기숙사로 향했어. 그때 갑작스레 화장실에 가고 싶어졌는데, 생각해보니까 렌터카 회사에 픽업 전화를 했을 때부터 화장실에 가지 못했던 거야. 부랴부랴 화장실을 찾아서 들어갔지.

아, 정말 신이 장난을 치는 줄 알았어. 예정일이 2주나 남아 있는 그날이 찾아온 거야.

'하필이면 지금, 왜 이 순간에?'

꿈인가 생각하고 정말로 볼을 세게 꼬집었어. 아픈 걸 보니 꿈은 아니더라. 한숨이 나왔어. 캠퍼스가 엄청 넓어서 기숙사까지 걸어가려면 적어도 20분은 더 걸어야 하기 때문이었어. 짜증이 나서 진짜 미쳐버릴 거 같긴 한데, 뭐 어쩌겠어. 대충 가방이랑 셔츠로 엉덩이를 가린 채 터덜터덜 기숙사를 향해 걸었어. 정말 지옥 같은 날이었지.

처음에는 뭐 이런 날이 다 있나 할 정도로 지옥을 느꼈어. 하지만 사실 어떻게 보면 이런 날이 있기 때문에 다른 일들이 괜찮아지기도 하는 것 같아. 무슨 말이냐 하면, 살아가다 보면 오늘보다 더 지독한 날도 있을 거란 말이지. 앞으로 그런 날이 오게 되면 나는 평생 오늘을 떠올릴 거고 오늘 겪은 경험을 통해 이겨낼 힘을 가질 수 있게 되었다고 생각하는 거야. 살다보면 늘 좋은 일만 생길 수는 없는 거잖아. 좋은 일은 좋지 않은 일이 발판을 제공했을 때 더 빛나는 거니까. 좋지 않은 일이 생기더라도 너무 나쁘게만 생각하지 말자는 거야!

Tip.

은행계좌 열기

현지 계좌를 여는 건 내가 미국에 가자마자 했던 일 중에 하나다. 사실 모든 유학생들이 제일 많이 걱정하는 부분이 돈 문제다. 나는 여행을 가든, 유학을 가든 현금을 많이 들고 가는 건 도난이나 분실 위험이 있기 때문에 추천하고 싶지 않다. 차라리 한국에서 해외 출금이 되는 통장을 만들어서 그 카드를 들고 가는 걸 추천하고 싶다.

미국 은행은 한국처럼 업무가 빠르지 않다. 갈 때는 무조건 시간 여유를 두고 가야 한다. 나는 미국에 도착한 다음 날 교환학생 친구들과 함께 계좌를 열러 갔었는데, 총 세 시간 정도가 걸렸다.

나는 미국에서 체이스^{Chase}라는 은행의 계좌를 열어서 Chase Debit Card(체크카드와 같은 개념)를 썼다. 미국 ATM 기계에서는 현금을 많이 뽑든 적게 뽑든 수수료가 똑같이 들기 때문에 차라리 이렇게 하는 방법이 현명하다. 실제로 많은 교환학생 친구들이 이렇게 생활하고 있다.

계좌를 열려면 여권과 Visa(J1 혹은 F1) 원본을 가지고 은행에 가서 열면 된다. 미국에서 계좌를 열려고 생각하고 있다면 가기 전에 비자와 여권을 챙기는 건 별표 다섯 개 쳐놓고 절대 까먹지 말자.

계좌를 열게 되면 임시 카드를 주는데, 임시 카드와 같은 경우는 출금밖에 안 되는 출금 전용 카드다. Debit 카드는 바로 발급되지 않고 Mail이나 직접 수령을 선택할 수 있는데, 나는 Mail로 받았다. 일주일 정도 이후에 Mail로 카드를 받을 수 있는데 이 카드를 받으면 카드에 적혀 있는 번호로 전화를 걸어서 카드를 활성화시키면 활성화되었다는 메시지와 함께 카드를 쓸 수 있게 된다.

부자들만 갈 수 있는 곳

 이제 왜 보험이 중요한지에 대한 이야기를 하려고 해. 나는 솔직히 왜 여행자보험이나 유학생보험이 중요한지 잘 몰랐어. 사건을 하나 겪어보고서야 왜 혹시 모를 만약의 사태에 대비해야 하는지 알게 된 거지.

 같은 학교에 다니는 한국인 유학생 친구가 있었어. 스케이트보드에 흠뻑 빠진 친구였지. 미국에 와서 보드를 배우겠다는 열정을 불태우고 있었는데, 그러던 어느 날 그가 다리에 붕대를 칭칭 감은 모습으로 휠체어를 타고 학생식당에 나타난 거야. 멀쩡하던 친구가 하루아침에 그런 모습으로 나타나니 다들 갑자기 무슨 일이 있었던 건지 의아하게 생각했지. 알고 보니까 보드를 배우다가 크게 넘어져서 다리가 부러졌다고 하더군.

 급히 응급실에 가서 치료를 받았는데, 다들 알겠지만 미국은 병원비가 아-주 비싸. 그나마 다행히도 이 친구는 보험에 들고 있었던 덕분에 10만 원 안팎의 돈으로 병원비를 내고, 엑스레이 촬영 비용에 깁스, 그리고 휠체어까지 받았다고 하더군. 이건 여담인데, 내가 본 미국 애들은 병원을 잘 가지 않아. 너무 궁금해서 물어보니까 미국에서 병원은 돈 있는 자들만의 특권이라나, 뭐라나.

내 주변에도 몇 가지 사례들이 있었는데, 하루는 한 미국인 친구와 산책을 하고 있을 때였어. 그 친구가 빌려준 자전거를 타고 러닝을 하는 그를 따라가고 있었는데, 갑자기 도로 한복판에 주인 없는 큰 개가 나타난 거야. 나는 개가 아니라 산에서 내려온 무슨 맹수인 줄 알았어. 엄청 놀라서 "꺄악!" 하고 소리를 질렀는데, 늑대처럼 생긴 그 개가 우리를 쳐다보는가 싶더니 며칠 굶주린 맹수처럼 미친 듯이 짖으면서 달려오는 거야! 난 너무 무서워서 그 순간 어떤 초인적인 힘이라도 생긴 것처럼 초스피드로 페달을 밟아 도망쳤고, 가엾은 내 친구는 미처 피하지 못하고 개에게 물려서 피부가 크게 찢어지는 부상을 당했어.

그런데 그 친구는 치료비가 비싸다고 병원에 가지 않겠다면서 그냥 집에서 치료를 하겠다는 거야. 그리고 실제로 그 친구는 집에서 마취도 하지 않고 찢어진 상처를 꿰맸어. 눈앞에서

옆은 바로 절벽. 나에게 비싼 보험이 필요한 이유. ,Grand canyon, Ariz

그런 모습을 보고나니까 믿을 수가 없었는데, 혹시 광견병이라도 걸리면 어떡하나 싶었지만 다행히 그렇지는 않았지.

다른 사례는 귀에 피어싱을 하고 있던 친구에게 일어났어. 어쩌다가 피어싱 부속물이 그 친구 귀 피부 속으로 들어가게 된 거야. 무슨 말인가 싶지? 피어싱을 하면 뒤쪽을 동그란 부속물로 막는데, 그 동그란 부속물이 뚫려 있는 구멍 사이로 들어간 거야. 난 당장 병원에 가야 한다고 펄쩍 펄쩍 뛰었는데, 그 친구 역시 병원비가 부담스럽다면서 자기가 직접 피부를 째더니 그걸 빼내는 거야, 마취도 하지 않고. 옆에서 그걸 보고 있는 내가 오히려 더 고통스러웠지. 참 대단한 미국 친구들이라고 해야 하나?

혹시 미국에 갈 계획이라면 언제 어디서 무슨 일이 일어날지 모르는 일이니까 반드시 보험을 들어놓도록 해. 나는 보험을 필수라고 생각해. 가입하기 전에 보험이 어느 정도 범위를 커버하는지, 혜택은 어떤지 잘 알아보고 가입하도록 하자. 미국인 친구들처럼 직접 상처를 꿰매지 않으려면 말이지!

달라도 너무 다른 식당문화

미국 친구들과 함께 식당에 갔을 때의 일이었어. 나는 그때 몇 가지 실수를 했는데, 식당 예절을 잘 몰라서였지. 자, 어디에 어긋난 곳이 있는지 찾아보도록 할까?

「에밀리는 식당에 도착했다. 그리고 빈자리를 찾아 앉았다. 에밀리는 주문을 한 뒤에 음식이 나오자 테이블에 양팔을 올린 채로 밥을 먹기 시작했다. 식사 도중에는 탄산수를 리필하고 싶어서 손을 들어 "Excuse me!"라는 말고 함께 서버를 불렀다. 식사를 다 마친 에밀리는 화장을 고친 뒤 빌지를 가지고 나가면서 계산을 했다.」

어떤 행동이 잘못된 것일까? 나는 솔직히 내가 뭘 잘못하고 있는지 하나도 몰랐어. 친구들이 하나하나 말해줘서 알게 됐는데, 내가 그 짧은 시간 동안 여섯 가지나 예절에 어긋난 행동을 하고 있었다는 거야.

첫 번째 잘못된 행동은 '식당에 도착하자마자 자리에 앉으려고 비어 있는 자리로 갔다'는 거야. 사실대로 말하면 빈자리로 가서 앉지는 않았어. 내가 당당하게 비어 있는 자리로 가려고 하니까 내 친구가 내 옷깃을 살포시 붙잡더니 직원이 안내해 줄 때까지 기다리라고 말해줬기 때문이지.

우리나라와는 달리 미국은 일단 식당에 도착하면 웨이터가 몇 명인지 물어보고, 인원수에 맞는 테이블로 안내해 주는 시스템을 가지고 있어. 그렇게 자리에 앉으면 우리 테이블을 담당하는 서버가 메뉴판을 들고 오고 바로 Drink^(음료)를 물어보는데, 원하는 음료는 그때 시키면 돼!

두 번째 잘못된 행동은 '테이블에 양팔을 올리고 밥을 먹기 시작했다.'는 부분이야. 친구들은 이런 행동은 테이블 매너가 아니라고 하더라고. 나는 원래 밥을 먹을 때 테이블에 팔을 올려놓고 먹는 게 습관을 가지고 있어서 조금 민망했어.

세 번째는 손을 들어 서버를 부르는 거야. 미국이랑 유럽권에서는 이렇게 서버를 부르는 것은 예의에 어긋난 것이라고 하더라고. 필요한 게 있으면 서버가 알아서 온다는 거야. 서버가 식사 중간 중간 계속 필요한 게 있는지 물어보는 이유가 그제

해변가의 멋진 레스토랑, Fort lauderdale, FL

메뉴에 대해 열심히 토론 중, Atlanta, GA

야 이해가 되더라. 필요한 게 생기면 서버가 올 때까지 기다리든지, 혹은 예의에 어긋나지 않게 손을 살짝 어깨 높이로만 들어서 서버를 부르면 된대.

네 번째는 테이블에서 화장을 고친 거야. 이것도 미국에서는 아주 안 좋은 행동이라고 봐. 그러고 보니까 미국에서 식사할 때 테이블 위에서 손거울을 꺼내놓고 화장을 고치는 여자들을 한 번도 본 적이 없었어. 화장을 고칠 필요가 있으면 화장실에서 살짝 하고 오는 게 이 나라 예의라는 거지.

다섯 번째는 빌지를 가지고 나가면서 계산을 했다는 거야. 미국은 우리나라와는 반대로 빌지를 서버에게 가져다 달라고 하고, 서버에게 카드나 현금을 주고 다시 서버가 그걸 가져다 줄 때까지 기다려야 하는 시스템을 가지고 있어. 빌지를 가지고 나가면서 계산하려고 하는 것도 예의에 어긋나는 행동이라는 거지.

하지만 개인적으로는 시간만 많이 걸릴 뿐인데, 왜 이렇게 복잡한 과정을 만든 건지를 잘 모르겠더라고. 그만큼 이 나라 사람들이 여유가 있다는 건가 싶기도 하지만.

마지막으로 여섯 번째는 팁을 주지 않고 그냥 나간 부분이야. 미국은 팁 문화가 있는 나라잖아? 그래서 식당에서 밥을 먹으면 꼭 팁을 줘야 한대. 내가 먹은 음식 값의 15%부터 20%까지! 기분이 좋으면 더 내는 사람도 있고 서비스가 별로면 적게 내는 사람도 있다고 하더군.

나는 솔직히 팁을 왜 줘야 하는 건지 싶었어. 그런데 미국에서는 레스토랑에서 서버에게 월급을 안 준다는 거야. 그러니까 팁이 곧 월급인 셈이지. 그래서 그런지 미국 서버들은 하나같이 친절한 면이 있는 것 같아. 자신의 친절이 곧 월급과 직결되니까.

정말 식당에 발을 들여놓는 순간부터가 우리나라와는 다르다는 걸 피부로 느낀 순간이었어. 하긴 다른 게 이것뿐일까 마는.

러닝머신에서 기절하다

이 이야기를 하는 이유는 성급한 다이어트에 대한 위험성을 알려주기 위해서야. 특히 여자들이 미국에서 생활하다보면 살이 찌는 경우가 많아. 나도 플로리다에 연수를 갔을 때는 몸무게가 정말 기하급수적으로 늘어서 70킬로그램이 넘는 상황까지 갔었어. 생각해보면 살이 찔 수밖에 없는 아주 최적의 환경에서 살고 있었던 게 한몫을 톡톡히 했지.

솔직히 말해서 나는 내가 살이 쪘다는 것도 느끼지 못하고 지냈어. 살이 쪘다고 해서 불편한 것도 없고 살이 쪘다고 뭐라고 하는 사람도 없었으니까. 물론 딱히 살이 쪘다고 해서 뺄 생각도 전혀 없었고.

당시 나는 미국 가정에서 홈스테이를 했는데, 주인 아주머니가 빵 굽는 걸 엄-청 좋아하셨어. 그래서 운이 좋게도 매일 아침부터 저녁까지 내가 좋아하는 머핀, 쿠키, 시나몬 롤, 케이크 등등을 마음껏 먹을 수 있었지. 그리고 내가 다녔던 학원 주변에는 아메리칸 음식점밖에 없어서 점심은 무조건 아메리칸 음식(햄버거, 이탈리안 음식, 피자, 샌드위치 기타 등등)을 먹을 수밖에 없었던 거야! 한동안은 행복했지.

그러다가 내가 살을 빼야겠다고 생각하기 시작한 건 한국으로 돌아가기 한 달인가, 두 달쯤 전이었던 어느 주말이었어. 텔레비전을 보다가 지루해져서 소파에 앉아 핸드폰을 만지작거리고 있었는데, 뭔가 숨이 턱턱 막히는 느낌이 드는 거야. 그러다 거실 유리창에 비친 내 모습을 봤지. 아니? 세상에 이럴 수가! 내 턱이 세 개가 되어 있었어. 두 개도 아니고 무려 세 개! 내 모습을 보고 있는데도 내가 깜짝 놀랐어. 숨이 턱턱 막혔던 이유가 턱에 살이 너무 쪄서 그랬던 거였다니!

'정말 어쩌다가 이 지경에까지 이르렀을까?!'

갑작스레 현실과 마주하게 된 나는 그날 이후 다이어트를 하기로 결심했어. 먹는 것을 거의 다 줄이고 무작정 운동을 하기 시작했지.

그렇게 한 1주일 정도 지났을까? 여느 날과 다름없이 헬스장에서 러닝머신을 하고 있었는데, 갑자기 앞이 뿌옇게 흐려지면서 귀에 삐- 하는 소리만 들리는 거야. 앞이 캄캄해지면서 갑자기 지구상에 모든 중력이 없어진 것처럼 중심을 잡을 수가 없었어. 마치 소주 100잔을 원샷 한 것 마냥 지구가 미친 듯이 뱅뱅 돌고 제대로 서 있을 수가 없었지. 그리고 정신을 잃었어.

정신을 차리고 보니까 내가 벤치에 누워 있었고 사람들이 "Call 911"이라고 하면서 웅성거리는 소리가 들리기 시작했어. 앞에도 말했던 것처럼 미국은 병원비가 엄-청 비싸. 앰뷸런스 같은 경우에도 적게는 500달러부터 많게는 1,000달러까지 내야 하지. 이런 사실을 잘 알고 있었기 때문에 난 할 수 있는 모든 손짓과 발짓을 동원해서 "No, No Ambulance"라고 외치고는 가까스로 일어났어. 주변에 있던 분들이 걱정을 해줬지만 나는 괜찮은 척 연기를 하면서 화장실로 가서 옷을 갈아입었어. 옷을 갈아입는데도 마약을 한 것처럼 정신이 혼미했지만 죽어도 병원은 가기 싫어서 정신줄을 단단히 부여잡고 집으로 돌아갔지.

사실 무슨 정신으로 집으로 갔는지도 나는 잘 몰라. 집에 가자마자 그냥 쓰러져서 잤거든. 그때 이후로 갑작스럽게 하는 다이어트가 얼마나 위험한지 알게 됐어. 그날 이후로 나는 초절식 다이어트를 끊고 식단을 최대한 건강을 유지하면서도 칼로리가 적은 음식으로 바꾸려고 노력했어. 그리고 그런 식습관은 아직도 유지하고 있는 중이야.

세상 어느 곳에서 다이어트를 한다고 하더라도 먼저 꼭 건강하게 하는 걸로 하자. 타지에서 아프면 엄청 서럽다는 걸 잊지 말자고!

악어야 안녕?

 나는 어학연수를 갔을 때 플로리다에서 홈스테이를 했었어. 주인 부부와 아들들, 그리고 나. 가족처럼 함께 생활을 했던 시간이었지.
 플로리다는 겨울이 없어. 1년 내내 날씨가 좋은 편이지. 그래서 그런지 개인주택이든 아파트든 수영장이 딸려 있는 집이 많은데, 내가 살던 집도 예외는 아니었어. 뒤뜰에 수영장이 있어서 원한다면 언제든지 수영을 할 수 있었지.
 날씨가 좋았던 어느 주말, 나는 수영복으로 갈아입고 수영장으로 나갔어. 그런데 다른 날과 달리 웬 악어 모양의 석상이 보이는 거야. 나는 대수롭지 않게 생각했어. '아주머니가 새로 석상을 사다놓았구나' 하고 무심코 생각했던 거지. 그리곤 수

나무 옆 석상처럼 보이는 악어. 다.
사람들이 오자 수영장으로 피신하는 악어. 다.
친구들과 풀장에서 작은 파티. 뭔가 섬찟한 일이 있는 것 같아 보이지만 그건 아님.

나는 나중에 먹겠다고 하고는 다시 수영 모드로 돌입하려고 하는데, 아주머니가 갑자기 엄청 크게 소리를 지르셨어. 나는 내가 무슨 큰 잘못이라도 한 줄 알고 깜짝 놀라서 아주머니를 쳐다봤지. 하지만 아주머니는 뭔가 다급한 상황이라도 일어난 것처럼 내게 당장 수영장에서 나오라고 소리치셨어. 알고 보니까 내가 석상이라고 생각했던 것은 진짜로 살아 있는 악어였던 거야. 움직이지 않고 가만히 있는 걸 보고 멍청이처럼 악어를 석상일 거라고 착각했던 거지. 수영하느라 정신이 팔려서 설마 진짜 악어가 수영장에 나타날 것이라고는 상상도 하지 못했고, 그래서 자세하게 살펴보고 확인해볼 생각을 전혀 하지 못한 거야. 세상에, 누가 상상할 수 있겠어. 뒤뜰에 악어라니. 그것도 진짜 살아 있는 악어라니.

사색이 된 아주머니는 경찰에 신고 전화를 했고, 곧 경찰들이 도착했어. 그런데 나는 사실 놀라기는 했지만 한편으로는 신기하기도 했지. 그때까지는 본 악어라고는 동물원에서 봤던 게 전부였으니까. 그리고 동물원의 악어들은 죽은 게 아닐까 싶을 정도로 꼼짝도 하지 않았었지.

하지만 얘는 역동적이었어. 그때 알게 된 것인데, 플로리다에는 악어를 잡는 경찰들이 따로 있다고 해.

처음에는 움직이지 않고 가만히 있던 악어는 경찰들이 포획하려고 하자 몸부림을 치면서 풀장으로 들어가서 헤엄을 쳤어. 풀에서 수영을 하는 악어를 보다니. 이런 신기할 데가 있나.

악어를 잡는 데는 총 두 세 시간 정도 걸린 것 같아. 경찰들은 악어를 포획해 어딘가로 데려갔지. 아무 생각 없이 수영을 하다가 악어에 물릴 수도 있었다는 걸 생각하니 등골이 서늘해지고 몸이 부르르 떨렸어. 항상 느끼는 거지만 오늘도 참, 살아있음에 감사한 하루야.

구사일생!

내가 루이지애나에서 지내고 있는 동안 2주 넘게 폭우가 쏟아졌던 적이 있었어. 유례가 없던 일이었지. 3월 초쯤이었을 거야. 우리 학교를 포함해서 모든 대학들이 막 봄 방학에 들어갈 시점이었지. 천둥과 번개를 동반한 폭우의 습격! 결국 학교도 어쩔 수 없이 봄 방학 기간을 포함해서 무기한 휴교령까지 내렸어. 모든 SNS와 뉴스가 이 홍수로 인한 재난으로 도배되어 있었지.

그때 나는 친구 집에 있었어. 휴교 기간 동안 기숙사에만 갇혀 있을 나를 안타깝게 생각한 친구가 집으로 초대를 했었던 거야. 문제는 그 친구 집에서 놀다가 저녁 무렵 친구와 함께 기숙사로 돌아가는 길에 일어났어. 폭우 때문에 도로가 잠겼던 거야. 우리 학교 앞으로는 미시시피강으로 들어가는 지류가 흐르는데, 그 강이 범람해서 큰 도로에서 학교로 들어가는 길이 끊긴 거였지.

나는 겁이 나서 조금 돌아서 다른 길로 가자고 했어. 하지만 내 친구는 도전정신으로 똘똘 뭉쳐 있었지. 친구는 내 말을 가볍게 무시해 버렸어. 조금은 흥분한 표정으로, 나를 귀여운 애

홍수가 났던 당시 상황, Monroe, LA

물이 빠지고 난 후, Monroe, LA

송이 취급하면서 물에 잠긴 도로를 향해 돌진했어. 나는 거의 울음보가 터질 지경이었지.

하지만 친구의 용기는 풍차를 향해 돌격하는 돈키호테의 용기였어. 친구가 예상했던 것보다 물이 훨씬 더 깊었던 거지. 물이 헤드라이트 부분까지 차오르자 사방이 어둠 속에 잠겼고, 차가 물에 떠내려가는 듯한 느낌이 들었어. 어디가 도로고 어디가 강인지 아무것도 보이지 않는데, 이제는 문틈으로 물까지 새어 들어오기 시작했지. 엔진은 꺼질 듯이 허덕거리는 소리를 냈고, 이젠 어떡해야 하느냐며 나는 울먹이기 시작했어. '다예의 한 많은 인생이 이렇게 끝나는구나!' 하는 생각만 머릿속에서 회오리쳤지. 죽음에 대한 공포! 제대로 인생다운 인생을 시작도 해보지 못했는데….

오늘도 지구상에는 수많은 사람들이 숨을 쉬고 있지만, 이런 죽음에 대한 공포를 경험하는 사람은 얼마나 될까?

하지만 아직 하늘은 나는 버리지 않았어. 친구가 계속해서 가속페달을 밟고 밟자 어느 순간 차가 앞으로 나가면서 탈출할 수 있었던 거야. 친구 역시 당황하고 겁을 먹었지만 그래도 침착성을 잃지는 않았던 것 같아. 미시시피킹까지 떠내려 갈 수도 있었던 끔찍한 악몽에서 겨우 벗어났던 거지.

주변에 살고 있는 친구들은 그때의 홍수로 거의 모두 피해를 입었어. 가깝게 지내던 사람들이 홍수 피해를 당한 모습을 그때 처음 보았는데, 생각하던 것보다 훨씬 더 처참했어. 안타깝기 그지없었지. 한 친구는 3층 아파트까지 물이 차올라서 몸만 빠져나와 대피하기도 했어. 정부에서 약간의 보조금을 지원하기는 했지만 가구와 가전제품들이 전부 침수돼 새로 구입해야 했지. 다른 친구도 휴교가 끝난 뒤에도 홍수 피해를 복구하느라 약 3주 동안이나 학교에 나오지 못했는데, 학교에서는 수재민을 지원하기 위한 이벤트를 추진하기도 하고, 복구를 위해 학교에 나오지 못하는 학생들의 출석을 인정해 주기도 했지.

나는 휴교 기간 동안 수재민을 돕는 일종의 봉사활동 캠페인에 참가했는데, 수해 현장에는 진흙과 나무 그리고 쓰레기들이 뒤섞여 엉망진창이었어. 차근차근 하나씩 밖으로 꺼내서 다시 쓸 수 있는 물건과 버려야 할 쓰레기를 분류하는 작업을 했을 때였어. 오래된 사진첩 박스 하나가 내 눈에 띈 거야. 흙탕물에 젖어서 하나의 덩어리로 뭉쳐진 사진들! 오래된 추억의 증거들이 다시는 되돌릴 수 없게 되어 버린 거지. 그래서였을 거야. 집 주인은 다른 무엇보다도 그 사진을 보고 많이 슬퍼하셨지. 다시는 복원할 수 없는 가족들의 한 순간 한 순간들이었으니까. 마치 세상을 떠나 다시는 볼 수 없는 영원한 이별이라도 한 것처럼. 무엇보다도 참 슬펐던 순간이었어.

니들이 폭탄주를 알아?

만약 내게 인간이 지금까지 이루어온 가장 위대한 문화 업적들 중 하나를 들어보라고 한다면, 나는 정말 자신 있게 "술!!"이라고 말할 수 있을 것 같아. 특히 우리나라 소주는 두 말하면 잔소리라고 생각해. 아, 다들 알고 있는지 모르겠어. 우리나라 술 문화가 전 세계 어떤 나라랑 비교해도 아주 독특하다는 거 말이야. 별것 아니라고 생각할 수도 있지만, 외국인 친구들은 우리나라 술 문화를 경험하고 나면 대부분 그 매력에 빠져서 헤어나지를 못해.

나는 사실 미국에 가기 전까지 우리나라 술 문화가 그렇게 대단하다고 생각해본 적은 없었어. 그냥 우리에게는 너무 일상적인 거고 당연한 문화라서 그랬나봐. 난 정말 지금도 다른 외국인 친구들에게 한국의 술 문화에 대해 이야기해 줄 때마다 한국인으로 태어난 것에 대한 자긍심을 느껴!!

  우리나라와 미국 술 문화는 하나부터 열까지 모두 달라. 일단 마시는 장소부터 보자면, 미국 친구들과 "술 마시자."라는 이야기가 나오면 열에 아홉은 집에서 먹는 거야. 우리는 어때? 우리는 "술 먹자."라고 하면 일단 "어느 술집이 좋을까?"부터 이야기하잖아. 추가적으로 고려하는 부분은 2차, 3차 그리고 노래방이 인접한 곳이고 말이야. 우리나라에서 술을 마시는데, 2차와 노래방이 빠진다는 건 술에 대한 예의가 아니지.

  그렇게 장소가 정해지면 시간을 정하고 약속 장소에서 만나게 되겠지? 일단 미국! 약속 시간에 맞춰 친구네 집에 도착하면 일단 비트감 있는 노래들이 스피커 혹은 TV를 통해 온 집이 떠나가라 울리고, 술을 마시면서 춤을 추는 친구들이 보여. 내가 처음 친구네 집에 갔을 때는 다들 마약을 한 줄 알고 동공에 지진이 일어났었어. 난 쑥스러운 기분이 들어서 소파에 앉아만 있었는데, 나중에는 한국의 경우보다 더 낫다고 생각이 들었던 점은 다들 아는 사이라서 그런지 이것저것 눈치 볼 일 없이 더 편하다는 거였어.

그리고 본격적인 술 게임 타임이 시작되는데, 미국은 뭐, 술 게임이라고 할 만한 게 없어. 보통은 카드 게임을 하고 집이 좀 크면 '비어 퐁'이라는 게임을 해. 비어 퐁은 일회용 플라스틱 컵 여러 개를 멀리 놓고 탁구공을 던져서 컵에 많이 골인시킨 사람이 이기는 게임이야! 약간 다트랑 비슷하다고 생각하면 이해하기 쉬울 것 같아. 이렇게 해서 지는 사람이 벌칙을 당하는 거야. 어때? 듣기에는 재밌을 것 같지? 근데 이걸 술 먹을 때마다 한다고 생각해봐. (절레절레)

나는 본격적으로 불쌍한 어린 양들에게 한국의 술 게임을 가르쳐 주기로 마음을 먹었어. 내가 아는 술 게임만 한 서른 개 넘게 전수하고 온 것 같아. 다시 한 번 느끼는 거지만 우리나라는 정말 술 게임의 원산지가 아닌가 생각해. 만든 사람에게 진짜 상을 주고 싶다는 생각이 들 정도야.

폭탄주를 만드는 방법도 약간 달라. 우리나라는 보통 소주랑 맥주를 섞어서 소맥으로 만들잖아, 그런데 미국은 폭탄주를 주스랑 섞어. 아니면 얼음을 넣고 믹서에 갈아서 쉐이크처럼 만

들어서 마셔. 처음에는 애들과 술을 마실 때 내가 맥주랑 보드카를 섞어서 폭탄주를 만들었더니 다들 경악을 하더라고. 나는 뭐가 잘못된 건지 몰랐지.

"맥주랑 섞어 마시는 게 왜? 너네는 이렇게 안 먹어?"

이게 그 친구들에게는 깜짝 놀랄 일이었나 봐. 나는 폭탄주를 보고 놀라는 미국 애들 모습이 더 놀라웠는데 말이지. 이게 도대체 왜, 어째서, 놀랄 일이냐고!!

이렇게 맛있는 걸 먹어보지 않았다니. 이 어린 양들이 가엾어지기 시작했어. 사실 보드카랑 맥주랑 섞어 먹어 본 적은 없지만 대충 소주와 맥주의 비율을 계산해서 황금 비율을 알려줬지. 처음에는 반응이 좀 '싸아!' 했어. 보드카는 보드카 고유의 맛이 있는 거고 맥주는 맥주 고유의 맛이 있는데 도대체 왜 그렇게 먹는 거냐면서 이해를 하지 못하는 친구들이 대부분이었지. 하지만 난 뭐, 크게 신경 쓰지 않았어. 그리고 몇 달이 지나고나니 그 친구들도 자연스럽게 보드카랑 맥주랑 섞어 먹더라고. 우리나라 폭탄주 제조법을 전수해 준 거지. 대외비는 아니겠지?

그 친구들에게 전수해 준 또다른 술자리 문화 중 하나는 안주 문화야. 미국인 친구들은 술을 마실 때 안주를 먹지 않는데, 뼛속까지 한국 사람인 나는 절대 이해할 수 없는 일이지. 그래서 나는 술을 마실 때마다 나를 위한 안주를 조금씩 준비했는데, 그 중에서도 가장 인기가 좋았던 건 역시 라면이었어. 그 친구들과는 아직도 연락을 하면서 지내는데, 이제 안주가 없으면 술을 못 먹겠다는 말을 하더라고. 미국까지 가서 한국의 선진 술문화를 전수해 줬다는 생각을 하면, 지금도 뿌듯한 마음이야.

 아, 그리고 숙취를 해소하는 방법도 좀 달라. 사실 숙취를 해소하는 방법은 우리나라에서도 사람마다 다 달라서 딱히 정의를 내리기가 그렇지만 대중적인 면에서 이야기하자면, 소주를 마신 다음날은 대부분 해장국 같은 걸 먹잖아. 그런데 미국인들은 보통 약을 먹어. 미국인 친구와 술을 마신 다음 날에 만나면 우리는 항상 서로를 보고 의아한 표정을 짓지. 뭐, 개인의 취향은 존중받아야 마땅한 거니까.

친구 생일 기념 디너파티, San jose, CA

친구 언니의 자살

정기적으로 금요일마다 홈 파티에 가던 집이 있었어. 홈 파티라고 해서 딱히 특별한건 없었고 그냥 금요일마다 멤버들끼리 모여서 술을 마시며 노는 거라고 보면도 돼. 파티가 열리는 집은 꽤 컸는데, 다섯 명의 친구들이 홈 쉐어를 하면서 살고 있었어. 내 친구와 친구의 남자친구, 친구의 남동생과 언니 그리고 같은 학교에 다니는 친구 제이크!

나는 이들과 매주 홈 파티를 하면서 꽤 친해졌는데, 학기말 쯤이었어. 파티에 항상 같이 가던 친구와 카페에서 이야기를 나누고 있었을 때였지. 친구에게 문자가 한 통 날아왔는데, 문자를 본 친구가 갑자기 울음을 터트리는 거야. 재밌게 이야기를 나누다가 갑작스레 울음을 터트리는 친구를 보며 나는 당황했고 무슨 일인지 걱정이 됐지. 그럼에도 쎄- 한 느낌이 들어서 물어볼 수가 없었어. 나는 친구가 말을 꺼낼 때까지 침착하게 기다렸지. 그 친구가 겨우 진정하고 이유를 알려줬는데, 홈 파티에서 매주 만났던 언니가 자살을 했다는 거였어.

"뭐? 자살? 지난주까지도 함께 파티를 하고 놀았던 그 언니가 자살을 했다고?"

충격이었어. 자세한 사정은 자기도 잘 모르겠고, 제이크가 방금 그런 문자를 보내왔다고 했어. 난 바로 전화기를 들어 제이크에게 연락을 했지. 제이크는 지금 경찰서에서 조사를 받고 있는 중이고, 조사가 끝나면 다른 곳에서 지내야 할 것 같다면서 내 친구네 집 거실에서 지내도 되는지 물었어. 내 친구는 그렇게 하라고 했고, 곧 제이크는 우리가 있는 카페로 찾아왔어. 그리고는 그 사건에 대해 이야기해 주었지.

제이크는 사건이 있기 전 날 새벽 그 언니가 자기 방에서 엄마와 오랫동안 통화를 했는데, 소리를 지르고 욕을 하면서 대판 싸웠다고 말했어. 어렴풋이 돈 문제였던 걸로 기억하지만 통화 내용이 길어서 자세히 듣지는 못 했다더군. 언니는 전화를 끊고 나서 새벽까지 술을 마셨다고 했어. 그리고는 갑자기 소리를 지르며 물건을 부수는 소리가 들렸다는 거야.

시끄러운 소리에 제이크는 그 언니의 동생을 깨웠대. 그리고 그들이 방문을 열고 안으로 들어가니까 언니가 침대에 앉아 총으로 자기 머리를 겨누고 방아쇠를 당기려고 하더라는 거야. 깜짝 놀란 친구가 소리를 지르며 말리려고 했는데, 언니는 이미 제 정신이 아닌 것 같았다고 했어. 제이크와 친구가 말리기 위해 다가가자 언니는 총을 겨누면서 당장 방에서 나가지 않으면 둘 다 쏴버리겠다고 협박을 했다고 해. 하필이면 다른 사람들이 집을 비운 상황이어서 두 사람은 이러지도 못하고 저러지도 못하고 얼어 있었고, 어떻게 해야 할지 생각을 정리할 겨를도 없이, 두 사람이 보는 눈앞에서 방아쇠를 당겨버렸다는 거야. 일 분도 안 되는 짧은 순간에 친언니가 자살하는 걸 두 눈으로 본 내 친구는 거품을 물고 실신하기 일보 직전이었고, 제이크 역시 큰 충격을 받았지만 정신을 꼭 붙들고는 벌벌 떨며 거실로 나와 경찰에 전화를 했다는 거야. 그리고는 곧 서너 대의 경찰차가 집에 도착했고, 집 전체에 노란 띠를 둘러서 아무것도 만지지 못하도록 조치했다는 설명이었지.

이야기를 다 전해들은 나는 한동안 멍한 기분이었어. 그냥 믿기지가 않았던 거 같아. 너무나도 충격적인 이야기여서 뭐라고 말을 해야 할지 혼란스러웠어. 제이크는 한눈에 보기에도 공황 상태여서 일단 집에 돌아가서 좀 쉬도록 했어. 듣는 것만으로도 충격을 받아서 말도 잘 나오지 않는 상황이었는데, 직접 목격한 사람이라면 말할 필요도 없었지.

기숙사로 돌아와서 공부를 하려고 펜을 들었지만 기분이 이상해서 집중할수가 없었어. 그 이야기를 처음 들었을 때부터 망치로 머리를 세게 얻어맞은 기분이었지. 나는 원래 낯을 좀 가리는 편이어서 학기 초에 적응하는 데 어려움을 느꼈는데, 그 언니가 파티에서 만날 때마다 말을 많이 걸어줘서 적응하는 데 많은 도움을 받았었거든. 친근한 말투로 다가와 한국에 대한 이야기를 하면서 나를 대했던 일들도 생각났지. 한국 드라마를 좋아한다면서, 한국은 정말 흥미로운 나라라면서, 죽기 전에 제주도랑 부산에 꼭 가보고 싶다고 했었는데…. 그래서 언니가 나중에 한국에 오면 가이드를 꼭 해 주겠다고 손가락을 걸고 약속까지 했었는데…. 그런 사소한 기억들이 자꾸만 떠오르는 거야. 그런 언니를 다시는 볼 수 없다는 생각을 하니까 가슴이 아프고 슬펐어.

　제이크는 충격 때문인지 일주일 넘게 학교를 나오지 않았어. 혹시라도 그가 잘못된 선택이라도 할까봐 정말 많이 걱정이 되긴 했지만 난 섣불리 연락을 할 수도 없었지. 내가 감히 상상도 할 수 없을 만큼 큰 충격을 받았을 텐데 선뜻 뭐라고 위로의 말을 전해야 할지 용기가 나지 않았던 거야. 그저 옆에서 괜찮아질 때까지 기다리는 수밖에 없었지. 그게 내가 제이크에게 해 줄 수 있는 가장 큰 일이라고 생각했던 거야.

　며칠이 지난 뒤에 내 친구의 남자친구로부터 연락이 왔는데, 친구는 본가에서 잘 보살펴 주고 있다고 알려줬어. 너무나도 큰 쇼크를 받아 자다가 발작을 일으키기도 하고 하루에도 몇 번씩이나 갑자기 소리를 지르며 눈물을 펑펑 쏟는다고 했어. 그리고 장례식 날짜가 정해졌으니까 시간에 맞춰 오라고 했지.

장례식은 친구의 본가에서 치러졌어. 차로 약 6시간 정도 떨어진 곳이었는데, 중간 정도 갔을 때 갑자기 우리 차에서 연기가 나기 시작하는 거야. 우리는 갓길에 차를 세우고 보험사의 도움을 받아 근처 소도시에 있는 정비소로 가야 했지. 하필이면 핵심 부품이(자동차에 대해서는 잘 모르지만 사람으로 치면 심장과 같은 역할을 하는 부품이라고 하더군) 고장이 나서 결국 우리는 장례식에 가지 못했어. 부품을 인터넷으로 주문한 다음에 교체를 해야 하기 때문에 무려 4일이나 걸린 거야. 아무 데도 가지 못하고 4일 동안 그 작은 동네에 갇혀서 숙식을 해결해야 했는데, 좋아했던 언니의 마지막 길조차 지켜주지 못하고 떠나보내는 것 같아 일주일 내내 마음이 무거웠지.

지금 생각해보면 장례식에 오지 말라는 언니의 신호는 아니었을까 하는 생각이 들기도 해. 네가 기억하는 동안 자신은 아직 살아 있는 거라고.

루이지애나의 총잡이

내가 총이라는 이름의 물건을 처음 잡아 봤던 건 스무 살 때였어. 물론 진짜 총은 아니고, 대학로 앞에서였지. 총을 쏴서 맞추면 인형을 준다는 알바생의 달콤한 유혹에 넘어가 돈을 모두 탕진했던 경험이었어. 그 이후로 사격은 나와 먼 나라 일이었지.

어느 날 친구가 사격을 하러 가자고 제안했어. 당연히 생뚱맞게 무슨 소리냐고 물어봤지. 심심한데 딱히 할 것도 없으니 총이나 쏘러 가자는 거야. 그리고는 갑자기 뒷주머니에서 총을 꺼냈어. 처음으로 진짜 총을 본 거지.

나는 총, 그 자체가 너무 신기했어. 친구는 심지어 집에 총이 더 있다면서 내 호기심을 자극하기 시작했지! 나는 사실 국

가대표 호기심 대왕이야. 난생 처음으로 진짜 총을 보니까 흥분을 가라앉힐 수가 없었어. 바로 방방 뛰면서 "콜!"을 외쳤지.
  참고로 미국에서는 두 가지 형태로 총을 쏠 수가 있어. 하나는 깊은 시골로 가서 표적을 세워 놓고 사격을 하는 형태고, 다른 하나는 사격장에 가는 거지. 보통 미국인들은 사격장에 갈 때 전부 개인 소유의 총을 소지하게 되어 있어.

  우리는 사격을 하러 가기 전에 먼저 친구 집으로 갔어. 대단한 게 총을 보관하는 금고까지 있는 거야. 개인 금고처럼 생겼는데, 사이즈가 훨씬 컸지. 비밀번호를 입력하고 금고를 열자 세상에나, 권총은 물론이고 라이플, 샷건(산탄총), 러시안 룰렛에서 사용되는 리볼버까지 있었어. 신세계였지. 친구는 그 중에서 마치 장난감처럼 생긴 총을 내게 던져줬어. 나는 물론 그게 진짜 장난감인 줄 알았지. 진짜 총들은 엄청 무거웠는데 친구가 내게 던져 준 총은 아주 가벼웠거든. 그래서 온갖 폼을 잡으며 총을 쏘는 척 장난을 치다가 너무 신이 난 나머지 그만 방아쇠를 당기고 말았어. 그때였어 갑자기 친구가 "쉑! 뻑!!"하고 소리치고는 바닥에 주저앉는 거야. 나는 상황 파악을 전혀 하지 못하고 친구가 연기를 하는 줄 알았어.

"짜식, 연기 잘 하네."

질 수 없다고 생각한 나는 온 집안을 돌아다니며 메소드 연기를 펼쳤지. 앞구르기부터 뒤로 구르기까지 영화에서 보았던 온갖 액션을 선보이며 연기의 신세계를 보여주었지만 친구는 자리에 주저앉아 일어나지를 않았어. 재미없게. 그래서 한마디 해 주려고 친구에게 다가갔지. 그런데… 친구의 귀 부분이 찢어져서 피가 흐르고 있는 거야. 나는 너무나 놀라서 상처를 확인해보니 귀 끝부분이 조금 찢어져 있었어. 다행히 크게 다치지는 않아서 밴드로 붙여 치료했는데, 아찔한 경험이었지. 장난감이라고 하더라도 총을 함부로 다뤄서는 안 된다는 교훈을 얻었고. 사실 진짜 총이 아니라 에어 건이어서 그나마 다행이었던 거지.

 친구가 겨우 마음을 진정시킨 뒤, 우리는 총을 챙겨서 사격장으로 갔어. 다른 지인들과 함께. 사격장에 가면 선글라스와 귀마개(Ear protection)가 필요해. 장비를 확인하고 입장료를 내면 사격장으로 들어갈 수 있는데, 내부에서는 보안관이 사격장에서 지켜야 할 기본 수칙들에 대해 알려줘.

 사격장은 보통 라이플을 쏘는 구간과 권총을 쏘는 구간으로 나뉘져 있는데, 나는 권총 사격을 했어. 사격 자세를 취한 다음 표적을 향해 한 발을 쏘았지. 그런데 대체 무슨 일이야? 내 옆에 있던 친구들이 더 겁을 먹는 거야. 나는 물론 그 친구들이 왜 겁을 집어먹었는지는 이유를 몰랐지. 총을 쏘는 건 난데 말이야. 어쨌든 자세가 잡히니까 사격을 하는 게 재미있었어! 처음 치고는 잘한다는 소리도 몇 번 들었지. 자신감도 하늘로 솟구쳤고. 그리고 넘치는 자신감과 함께 라이플 사격장으로 이동을 했어.

라이플은 반동이 너무 세서 사실 깜짝 놀랐어. 한 번 방아쇠를 당겼더니 몸이 뒤로 확 밀려서 여간 단단하게 지탱해야 하는 게 아니었어.

어쨌든 사격을 마친 뒤에 내 점수를 확인했는데, 웬걸 내 표적지는 아주 깨끗했어. 망원경이 장착돼 있어서 조준하기도 쉬웠고 친구들도 칭찬해 줬는데, 이게 뭔 일이람?

며칠 뒤, 그 친구와 다시 만나서 이번엔 샷건을 쏘러 가기로 했어. 사격장이 아니라 시골로 들어갔지. 사실 샷건은 내가 온라인 슈팅게임을 할 때 주로 쓰던 총이었기 때문에 사격하기 전부터 자신감에 차서 약간 쉬울 거라고 생각했어. 그리고 익숙하게 다룰 수 있을 거라고 생각했는데 직접 잡아보니 생각했던 것보다 훨씬 크고 무거웠어. 뿐만 아니고 자세를 잡는 것도, 표적을 잡는 것도 엄청 힘들었지. 몇 발을 쏘고 나니까 힘이 들어서 더 이상 못 쏘겠는 거야. 샷건은 그냥 게임에서만 쓰는 게 좋을 것 같아….

자신감과 현실 사이의 괴리를 확인할 수 있었던 날이었지.

123

기대와 현실 사이에서

　미국과 한국은 다양한 부분에서 다른 문화를 가지고 있는 것 같아. 미국이라는 나라를 생각하면 어떤 것을 기대하고 있니? 음, 나는 처음 미국이라는 미지의 세상으로 향할 때 지금 내가 살고 있는 현실과는 완전히 다를 것이라는 설렘과 기대로 가득 차 있었어. 서양 사람들은 모두 푸른 눈에 금발을 가졌다고 생각했고 삶 자체가 한국과 아예 다를 것이라고 생각했거든. 그냥 뭔가 엄청, 다른 차원의 세상일 거라고 생각했어. 마치 내가 한 번도 본 적 없는 세상처럼. 드라마나 영화에서 봤던 장면들처럼 눈길 닿는 곳마다 모든 것들이 다 멋질 것이라고 생각했고 자유의 나라인 만큼 내 생활도 무한히 자유로울 것만 같았어.
　하지만 현실은 많이 달랐어. 그곳도 결국은 사람이 살아가는 똑같은 곳이었고 모든 사람이 치열하게 하루하루를 살아가는 세상이었어. 힘겨운 삶을 견디는 사람이 있는가 하면 그렇지 않은 사람도 있었고, 여유를 즐기는 사람이 있는가 하면 여유를 생각조차 할 수 없는 사람도 많았지.

미국에서 생활하면서 받았던 문화 충격은 사소한 것부터 큰 것까지 정말 많았어. 첫 번째는 음식이야. 혹시 케첩과 계란 프라이의 조화는 아시아권 문화에서 비롯된 것이라고 생각해 본 적 있니? 나는 그게 미국인들 문화라고 생각하고 있었거든.

하루는 친구들과 아침을 먹는데, 친구가 계란 프라이랑 소시지를 해 주었어. 나는 계란 프라이는 꼭 케첩이랑 같이 먹는 습관이 있어서 케첩을 가져다가 계란 프라이에 막 뿌려댔지. 그리고 딱 한 입 먹으려고 하니까 친구들이 엄청 놀라는 거야! 그래서 물어봤지.

"왜? 너희도 이렇게 먹는 거 아니야?"

친구는 아니라면서 손사래를 치더라. 그래서 다시 물었어.

"그러면 너희는 어떻게 먹는데?"

친구들이 대답하기를, 자기들은 태어나서 케첩이랑 계란 프라이를 함께 먹어본 적이 단 한 번도 없다는 거야. 자기들은 항상 후추나 소금을 뿌려서 먹기 때문에 케첩이랑 먹는 사람을 처음 봤다는 거지! 나는 미국 사람들이 전부 계란 프라이에 케첩을 찍어 먹는 줄 알았는데 말이야!

또 하나는 길거리 음식문화였어. 우리나라에는 길거리 음식이 참 많잖아? 우연히 노트북으로 함께 유튜브 동영상들을 보다가 알게 된 사실인데, 미국은 우리나라처럼 길거리 음식이 없다고 했어. 한국에는 길거리 음식이 풍부해서 그런 문화가 부럽다고 하더라고. 한 번도 자각하지 못했던 사실이어서 나도 신기한 생각이 들었어.

차를 주제로 넘어가 볼게. 미국은 땅 덩어리가 큰 나라라서 그런지 자동차 문화가 참 많이 발달되어 있는 나라야. 그래서 어딜 가든 드라이브 스루를 심심치 않게 볼 수 있어. (드라이브 스루: 차에서 내리지 않고도 주문이 가능한 서비스다. 차에서 주문하면 차에서 바로 받을 수 있다. 요즘 한국에 있는 맥도날드나 버거킹에서도 이 서비스가 도입돼 실행되고 있는데, 미국에서는 패스트푸드 점뿐만이 아니라 은행이나 약국까지 웬만한 곳에는 모두 설치되어 있다.) 이미 미국이

드라이브 스루가 유명했다는 걸 알고 있었지만 내게 정말 충격적으로 다가온 건 알코올도 드라이브 스루가 된다는 거였어.

날씨가 아주 좋았던 어느 날, 친구와 함께 공원을 다녀오는 길이었지. 친구가 갑자기 술집이 쪽으로 방향을 트는 거야. 나는 친구가 '마실 것을 사오려고 하나보다' 라고 생각했는데, 도착한 술집 왼편에 눈에 띈 낯익은 문구는 바로 '드라이브 스루'였어. 아니, 술집이, 드라이브 스루라니? 놀랐어. 드라이브 스루로 다가간 친구는 종업원과 반갑게 인사를 나누며 나를 소개시켜 줬고, 친구는 뜬금없이 내게 어떤 걸 마시고 싶으냐고 물었어. 나는 술을 차에서 테이크아웃을 받을 수 있다는 사실에 멍청한 표정을 짓고 있었는데, 그 종업원이 이렇게 말했어.

"고민이 된다면 시음을 해보고 나서 결정해도 돼! 원하는 보드카 맛으로 준비해 줄게!"

그리곤 작은 플라스틱 컵에 보드카를 종류 별로 담아서 내게 건넸어. 컵을 받아든 내 머리는 아주 복잡해졌지. 이거 음주운전은 법에 위반되는 사항 아닌가? 내가 시음을 해도 괜찮은 건지 걱정하고 있는데, 상관없다면서 너무도 자신 있게 이야기하는 거야. 왠지 신뢰가 생겼어. 그래서 시음을 하고 원하는 보드카 맛으로 테이크아웃을 해서 차에서 술을 마셨지.

나중에 알고 보니 이게 미국 전 지역에서 드라이브 스루가 되는 것은 아니었고 루이지애나 주에만 있는 거라더군. 주마다 법도, 문화도 마치 다른 나라처럼 천차만별이라 참 신기한 생각이 들었어.

아, 자동차 이야기가 나와서 말인데, 미국에는 대중교통 서비스가 잘 되어 있지 않아. 물론 대도시에는 대중교통 서비스가 불편하지 않을 만큼 잘 되어 있긴 하지만 대도시에서 조금만 벗어나면 차 없이는 매우 불편하다는 게 미국 유학생활의 단점이야. 그래서 말인데, 미국에 유학을 오기 전에는 꼭 국제 운전면허증은 꼭 들고 오도록 해! 운전을 해야 되는 상황이 적어도 한 번 이상은 생기게 될 테니까.

다음 이야기로 넘어갈 게! 이건 수업을 들으면서 느꼈던 부분에 대한 이야기야. 수업을 들으면서도 한국하고는 분위기가 참 달라. 다들 미국을 자유의 나라라고 하잖아. 난 진정한 프

리덤! 이곳에서 수업을 들으면서 자유를 느꼈어. 음, 사실 내가 수업을 들으며 처음 충격을 받았던 건 학점을 대하는 우리나라 친구들의 자세와 미국 친구들의 자세였어. 우리나라에서는 A를 받기 위해 노력하는 학생들이 많잖아. 그런데 미국에서는 A든, B든, C든 그렇게 신경을 안 써. 이 친구들에게 중요한 건 패스냐, 아니냐(F) 뿐인 거야. 미국은 취업할 때 학점을 보는 게 아니라 졸업 여부만 보기 때문인 것 같아. 그리고 미국은 학생 수가 몇 명이든 상관없이 상대평가가 아닌 절대평가로 이루어져. 그렇기 때문에 내가 열심히 한다면 경쟁 없이도 A를 받을 수 있어! 그래서 같은 수업을 받는 친구들끼리 함께 모여서 공부하는 경우가 많아. 다 같이 열심히 공부해서 다 같이 A를 받는 거지. 나도 미국에서 같은 수업을 받는 친구들하고 시험공부를 같이 했었는데, 이런 시스템은 정말 좋다는 생각이 들었어. 한국에서는 경쟁을 하느라 내가 아는 걸 알려주지 않으려 하고, 같이 공부하는 대신 매일 혼자 도서관에 다니며 공부하는 친구들을 많이 봤었는데 미국은 그렇지 않은 거지. 퀴즈 하나를 풀더라도 다 같이 모여서 함께 하려고 하는 모습이 참 좋아 보였어.

아, 그리고 학교에 올 때 우리나라 친구들처럼 꾸미고 오질 않아. 그냥 '생얼'로 잠옷 같은 옷을 걸치고 당당하게 활보하는 거야. 특별한 파티나 이벤트가 있을 때만 예쁘게 치장을 하지. 그런 일상을 보면서 나는 이 친구들, 정말 자유롭게 생활하는구나 하는 생각이 들었어. 미국을 자유의 나라라고 하는 걸 그런 일상의 소소한 모습들에서 발견할 수 있었던 거지.

물론 몇몇 친구들은 제외야. 미국에도 한국과 같은 동아리 활동이 있어. 크게 여자 동아리와 남자 동아리로 나뉘어 활동을 하는데, 이걸 sorority(여자), fraternity(남자)라고 해. 이 친

구들은 동아리 내에서 요일별로 스타일링 약속이 정해져 있대. 그래서 월요일엔 어떤 스타일의 옷을 입어야 하고, 화요일엔 어떤 스타일의 옷을 입는다는 식으로 정해져 있다는 거지. 그래서 그 친구들은 보통 굉장히 화려하게 꾸미고 다녀.

   내가 받은 문화 충격은 물론 다른 부분에서도 많았어. 그건 바로 내가 미국에 오기 전에 미국은 이럴 것이라고 생각했던 선입견과 100000% 달랐던 점이었어. 나는 미국 친구들은 성적으로 엄청 개방적일 거라고 생각했어. 솔직히 나는 조금 보수적인 부분이 없지 않아서 적응하기 힘들면 어쩌나 했는데,

결국에는 미국도 사람 사는 곳이더라는 거야. 한국도 개방적인 친구들이 있는가 하면 그렇지 않은 친구들이 있잖아? 미국도 똑같았어.

한번은 여자 친구들끼리 있다가 성에 대한 이야기가 나온 적이 있는데, 거기서 세 명은 혼전순결을 지키고 싶다고 얘기를 하는 거야. 나는 솔직히 친구들이 이런 주제를 가지고 이야기를 나누는 게 너무 부끄럽기도 하고 놀라기도 했지만 미국에도 혼전순결을 실제로 지키고 있다는 이야기에 더 놀랍기도 했어.

인종차별에 관한 부분에 대해서도 한 번 짚고 넘어가고 싶은데, 나는 솔직히 말해서 미국에 오기 전에 인종차별을 당할까봐 좀 두려움을 가졌어. 인종차별이 있다는 이야기를 꽤 듣고 온 터라, 학교생활을 할 때도 인종차별 때문에 어려움이 있을 줄 알았거든.

정말 당당히 말하는 건데, 인종차별은 물론 있겠지. 그런데 난 이 인종차별이라는 게 언어를 못해서 차별당하는 경우인 것 같아. 그러니까 순수한 인종차별과는 다르다는 걸 분명히 이야기해 주고 싶어. 쉽게 말해서, 내가 그 나라 언어를 잘 모르는 상태에서 친구를 만들려고 하면 당연히 실패할 확률이 높다는 거야. 언어 소통이 잘 안 되는 친구들에겐 당연히 이질감이 느껴지기 마련이고 그 친구들이 그 때문에 나를 피하려고 한다면 그건 절대 인종차별이 아니라는 거야. 그리고 마음만 적극적으로 먹는다면 인종차별에 관련된 문제는 그렇게 마음 쓰일 일은 아니라고 말하고 싶어.

기본 매너에서도 몇 가지 본받고 싶었던 점들이 있었어. 아주 간단한, 너무 너무 기본적인 매너들이라서 미국에 간다면 가기 전에 이건 꼭 알고 있었으면 좋겠다는, 그리고 한국에서도 지켰으면 좋을 것 같은 그런 작은 행동들이야.

첫 번째로 미국에서는 옆에 있는 사람들이 기침이나 재채기를 하면 "Bless you." 혹은 "God bless you."라는 말을 꼭 해줘. 한국말로 직역하면 "신의 가호가 있기를"이라는 뜻인데, 문맥으로 해석하면 "빨리 낫길 바랄게요!" 이런 뜻이야. 같은 반에서도, 카페에서도, 길거리에서도, 쇼핑몰에서도, 영화관에서도 모르는 사람이 기침을 하면 매너상 하는 말이라고 해야 할까? 그러니까 미국에 가면 우리도 그렇게 해보고 오는 건 어떨까? 모르는 사이여도 괜찮아!! 용기내서 해보면 오지랖이 넓어진 느낌도 들긴 하지만 좀 재밌어. 혹시 알아? 새로운 인연이라도 만들어질지?

두 번째 기본 매너로는 문을 열고 들어갈 때, 뒤에 사람이 오고 있으면 그 사람이 안전하게 들어올 때까지 문을 잡고 기다려주는 거야. 그러니까 조금 급하더라도 혼자만 쏙 문 열고 가지 말고 뒤에도 확인해서, 사람이 오는지 안 오는지 확인하고 기본 매너를 지켜주자. 너무 기본이라서 황당하지? 근데 한국에서 이런 기본 매너도 지켜주지 않는 사람을 가끔 봐서 꼭 말하고 싶었어.

음, 그리고 마지막으로 알려주고 싶은 건 사람이 많아도 Private space(개인 공간) 지켜주기야. 사람이 좀 많고 붐비는 곳에 있더라도 밀착하지 않고 개인이 움직일 수 있는 공간을 지켜주는 거야. 한국에서는 엘리베이터나 지하철 혹은 퇴근길 버스같이 사람이 엄청 많은 곳에서는 한 명이라도 더 태우려고 사람들이 전부 밀착해 있잖아. 근데 미국은 그렇지 않았어. 차라리 여유 있게 다음 차를 기다리는 게 대부분이야.

뉴욕에 갔었을 때였어. 엘리베이터에 사람이 많아서 어떤 사람과 밀착해 있었다가 도둑, 변태 취급을 받아서 경찰서까지 갈 뻔 했던 일이 있었지. 우리는 모르고 그런 거라고, 정말 죄송하다고 하고 넘어 갔던 사건이었는데, 문화 차이가 이런 부분에서도 존재하니까 참고했으면 좋겠어.

사실 내가 아시안이라는 이유 하나만으로 나를 중국인으로, 또는 일본인으로 대하는 사람들도 있었고 눈이 작다는 이유로 나와 친구가 되는 걸 꺼려 하고 내가 영어를 못한다는 이런 저런 이유들로 공공장소는 물론 학교, 학원에서 내 말을 대놓고 안 들리는 척, 못 알아듣는 척 무시를 하는 사람도 있었어. 또 이런저런 문화 차이로 힘든 일도 물론 있었어. 하지만 문화를 이해하려고 노력하고 다시 보니 아무것도 힘들어하거나 마음 쓸 일은 아니라고 생각해.

'어떤 나라에 가기 전에는 그 나라 문화를 조금이라도 알고 가기.'

이 세상 어느 곳을 간다고 해도 이 부분은 참 중요한 것 같아. 사실 어떤 곳으로 떠나기 전에, 어떤 일을 행하기 전에, 어떤 사람을 만나기 전에 사람은 항상 환상을 가지게 되는데, 환상은 정말 그냥 환상일 뿐인 것 같아. 현실을 마주했다면 빨리 인정하고 거기서 그쳐야 해. 사람 사는 곳은 다 똑같고, 세상엔 엄청나게 다양한 유형의 사람이 있으니까 말이야.

장례식, 그리고 삶에 대한 고찰

나는 매주 수요일, 저녁 모임인 바이블 스터디에 참석했어. 바이블 스터디는 말 그대로 다 함께 모여 성경의 말씀을 읽으면서 공부하는 모임이었는데, 나는 사실 딱히 종교를 가지고 있지는 않아. 그러니까 종교 모임에 간다기보다는 놀러가는 거였다고 할 수 있지. 모임은 연세가 좀 드신 노부부 집에서 했는데, 맛있는 저녁까지 챙겨주시는데다가 일단 말을 많이 걸어주시니까 어차피 할 것도 없는 시간에 영어 공부라도 도 더 하자는 생각으로 매주 꼬박꼬박 참석했던 거야.

나는 스터디 초반부터 한 번도 빠지지 않고 계속 참석해서인지 할아버지 할머니와 알게 모르게 정이 많이 들어서 꼭 바이블 스터디가 아니라도 자주 찾아뵙고 인사를 드리는 사이가 되었어. 그러던 어느 날 할아버지가 세상을 떠나신 거야. 사실 스터디가 시작되었을 무렵부터 할아버지는 몸은 꽤 좋지 않은 상태여서 평소 병원을 마치 집처럼 드나들고 계셨고, 약에 의존해 하루하루를 버티는 상태이긴 했지.

하지만 막상 할아버지가 돌아가셨다면서 SNS에 장례식 날

짜와 장소가 뜨자, 머지않아 돌아가실 것 같다는 생각을 했음에도 불구하고 나도 모르게 눈물이 차올랐어. 많이 편찮은 줄은 알고 있었지만 그래도 너무나 갑작스럽게 가신 것 같아서. 이럴 줄 알았으면 지난주에 한번 들를 걸 하는 후회가 밀려왔지. 집으로 오라고 그렇게 간곡히 말씀하셨건만, 바쁘다는 핑계로 인사 한번 제대로 드리지 못한 게 너무 후회스럽고 속상했지.

장례식은 이틀 동안 진행됐어. 지난해 상을 치렀던 친할아버지 생각이 나서 그랬는지 더욱 울컥한 기분이 들었지. 미국은 한국과 조금 다르게 장례 절차가 진행되는데, 한국처럼 밤새도록 조문객을 받는 문화가 아니라서 따로 학교 스케줄을 빼 시간을 비워야 했어.

장례식은 교회에서 진행됐는데, 사람들이 꽃을 들고 관 앞에 줄을 서서 기다리고 있었지. 난 그때까지도 왜 줄을 지어 서 있는 것인지를 모르고 있었는데, 알고 보니 고인과 직접 마주 대하면서 영원한 작별 인사를 나누기 위해기다리는 줄이었던 거야. 미국에서는 누군가 세상을 떠나면 그 시신을 방부 처리해서 장례식 때 직접 얼굴을 보고 인사를 드리는 게 예의라는 거야.

나는 그때까지 한 번도 죽은 사람을 본 적이 없었어. 내 눈으로 시신을 본다는 생각을 하니 너무 무서워서 손이 벌벌 떨렸지. 줄이 천천히 줄어서 내 차례가 다가오고 있었어. 그때까지도 죽은 사람의 얼굴은 내게 공포의 코드에 불과했지. 생전에 그렇게 가깝게 느꼈던 할아버지인데, 세상을 떠났다는 소식에 그렇게 슬픔을 느꼈던 할아버지인데, 막상 그 얼굴을 보는 것이 무섭다니. 생전의 할아버지와 영혼이 빠져나간 할아버지의 사이에는 어마어마한 간극이 놓여 있는 것 같았어.

그래도 나는 용기를 냈어. 크게 심호흡을 하고 할아버지의 시신 앞에 섰지. 정말 뼈와 가죽뿐이었어. 벌벌 떨리는 손으로 친구가 알려준 대로 할아버지의 가슴에 꽃을 놓고 손을 한번 쓸어드렸어. 어찌나 차갑던지. 꽤나 오랫동안 앓으셨다는데, 그 긴 시간 동안 받으셨을 고통을 생각하니 마음이 찌릿하게 아파왔어. 그리고 그 누구보다도 더 슬프고 아프실 할머니에게 가서 위로의 말을 건넸지.

다음 날에는 관을 땅속에 묻는 장례 절차가 진행됐어. 한국에서는 입관을 할 때 울음소리가 크게 터지는데, 정말 조용한 분위기였지.

장례식을 지켜보면서 내 머릿속에서는 할아버지와 함께 바이블 스터디를 할 때의 모습들이 비디오 클립처럼 자꾸만 재생됐어.

생각해보면 할아버지는 항상 우리들의 이야기에 관심이 많으셨어. 친구들과 대화를 나누고 있으면 장난을 치면서 따뜻한 미소와 함께 항상 좋은 이야기를 들려 주셨지. 그리고 자신의 이야기를 하시기보다 우리들 말에 더 귀를 기울여 주시고, 우리의 입을 통해 세상의 이야기를 전해 듣고 싶어 하셨고.

처음에는 공짜 밥이 좋아서였는데, 점점 한 사람의 따뜻한 마음이 좋아서 갔었지. 너무나도 좋은 분이셨어.

혹시 이런 이야기 들어 봤어? 정말 좋은 사람은 피부로부터 느껴진다는 말. 그분이 딱 그랬어.

사실 그래. 우리가 살고 있는 게 정말 무슨 의미가 있는 걸까, 무엇을 위해 사는 걸까, 나란 사람도 존재의 이유가 있을까, 이런 생각들을 한 번이라도 안 해봤다면 거짓말일 거야. 사람은 태어나고 언젠가는 생을 마감하게 되겠지만 의미 있는 삶을 통해서 나도 언젠가는 피부 속으로부터 따뜻함이 느껴지는 사람이 되고 싶다는 생각, 나는 할아버지를 보면서 하게 됐어. 할아버지가 하늘나라에서 행복하시길 기원하면서 이 글을 마치려고 해.

읽어줘서 고마워!

먼로의 석양, Monroe, LA

길 위에서
만나는 것들

나의 첫번째 자동차 사고

 미국에서 자동차 없는 여행은 상상하기가 힘들어! 나는 그래서 여행을 떠나기 위해 엔터프라이즈에서 자동차를 렌트했어. 서너 번쯤 렌트를 해서 여행한 경험이 있어서 운전에는 조금 자신이 있었는데, 지금 생각해보면 제 정신이 아니었던 것 같아.

 나는 렌트한 차를 기숙사 주차장에 세워놓고 짐을 챙겨서 나왔는데, 짐을 들고 차까지 가기에는 좀 멀다는 생각이 들었지. 그래서 나는 차를 끌고 오려고 시동을 켜고 차를 빼기 위해 후진을 했는데, 그 순간 뒤쪽에서 묵직한 충격과 함께 부딪히는 소리가 들렸어. 주차되어 있던 다른 차 뒷부분을 긁어버린 거야. 맙소사! 정신없이 차에서 내려 보니까 상황은 더 가관이었어. 다른 차 트렁크는 긁힌 정도를 넘어 움푹 파여 있었고, 지나가던 친구들도 웅성거리며 나를 쳐다봤어.

 하느님, 부처님, 알라신이여! 이제 나는 어떻게 되는 거야? 어떻게 대처를 해야 할지 감을 잡을 수가 없었지. 내 인생에서 첫 번째 사고였거든. 그래도 뭔가 들은 말이 있고, 본 게 있다고 일단 이곳저곳 사진을 찍어 놓고, 망부석이 되어 차 주인이 오기를 목이 빠져라 기다렸어. 그렇게 세 시간이 더 흘러가도록

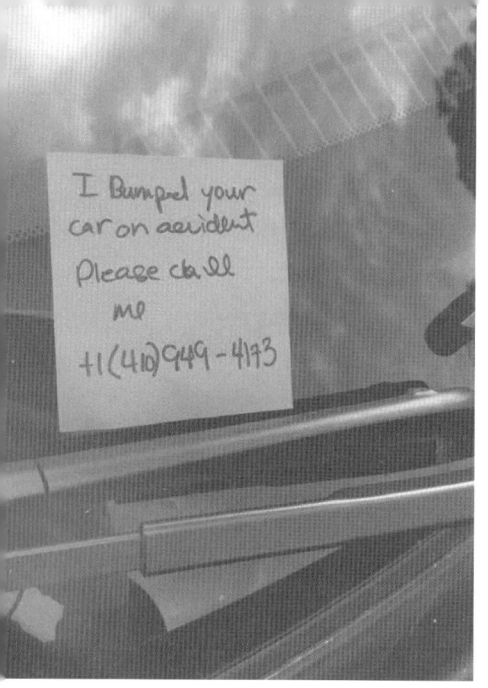

사고 당시 내가 남긴 메모, Monroe, LA

기다렸지만 주인은 나타날 기미가 없었어. 기다리다 지쳐버린 나는 일단 메모를 남겨놓기로 했지. 사실 그냥 튈까 하고 잠시 생각도 했었는데, 인터넷을 검색해보니까 뺑소니로 걸리면 100배 정도를 물어내야 한다는 거야. 무서워서 도망 갈 수가 없었지….

내 연락처를 차 앞에 붙여놓고 나는 찜찜한 마음을 안고 애틀랜타를 향해 길을 떠났어. 차 주인으로부터 연락이 온 건 그로부터 다섯 시간쯤 지난 뒤였지. 나는 애틀랜타로 여행을 가고 있는 중이므로 학교로 돌아가면 즉시 렌터카 회사로 가서 보험처리를 해 주겠다고 말했어.

여행을 마치고 학교로 돌아온 나는 렌터카 회사로 가서 사고 사실을 알렸어. 나는 사실 보험에 가입하면 상대 차는 물론 내 차까지 100% 커버가 되는 줄 알고 있었는데, 알고 보니 미국의 모든 렌터카 회사는 Waiver라고 해서 내가 내야 하는 금액의 일정 비율만 부담해 주는 시스템이었어. 수리비가 어마어마한 이 나라에서 그것마저도 감지덕지였지. 그리고 곧 내 실수들에 대해서도 알게 됐어. 내가 했던 실수는 한두 가지가 아니었던 거야. 일단 자동차 사고가 나면 즉시 엔터프라이즈에 사고 사실을 알렸어야 했어. 그 다음에 경찰을 불러 사고 경위를 조사하는 레포트를 받아야 했던 거야.

내가 사고 사실을 알리자 엔터프라이즈는 곧 내 신상정보들을 캐묻고는 경찰을 불렀어. 나는 경찰서에 소환돼 어떻게 사고가 났는지 경위를 설명해야 했는데, 난생 처음, 그것도 남의 나라 경찰차에 타는지라 얼마나 무서웠었는지 몰라. 엄청나게 큰 잘못이라도 저지른 느낌이 들어서 강아지마냥 벌벌 떨면서 경찰서로 갔었지. 내가 하는 모든 말이 녹음되고 있다고 해서 엄청 겁을 먹었지만 그래도 침착하게 설명을 하고 드디어 사고 레포트를 받았어. 그 레포트를 렌터카 회사에 가져다 주고 나니 공포의 하루가 무사히 끝나나 싶었지. 하지만 그 이후로도 렌터카 회사로부터 세 번 이상의 사고 확인 전화가 왔고, 사고 조사 때문에 두 번이나 더 경찰서를 가야 했어.

지금도 그때를 생각하면 등에 식은땀이 흐르는 것 같아. 하지만 그 사고를 겪은 터라 더 조심스럽게 운전을 해서 무사히 여행을 마칠 수 있었다고 나는 생각해. 어떻게 보면 액땜을 해 준 사고라고 생각하는 거지! (파워 긍정!)

Tip.

미국에서 렌터카를 이용할 때 주의할 점

미국의 렌터카 회사들

Enterprise : 미국인들도, 미국을 방문하는 여행자들도 제일 많이 이용하는 렌터카 회사. 각종 프로모션이 많이 진행된다.

Hertz : 2순위로 많이 이용하는 곳, 제휴업체가 많은 게 특징이다.

그 외 : Budget, Alamo, Dollar, Thrifty, National Car Rental, Payless, Ace Rent-A-Car, Advantage Rent-A-Car

렌트할 때 가입해야 할 필수보험

Damage Waiver(DW) or Loss Damage Waiver(LDW)

한국어로는 자차보험이라고도 한다. 렌트한 차량의 파손에 대한 부분을 감해 준다는 것이지만 100%는 아니고, 부담을 같이 해 준다는 거니까 최대한 차는 깨끗하게 상처 없이 써야 한다.

Supplement Liability Protection(SLP)

직역하면 대인 대물책임보험이라고도 한다. 사고로 발생하는 상대방 재산 또는 사람에 대한 보험이므로 꼭 들어야 하는 보험이다.

사실 렌트카 회사에서 관리하고 있는 보험이 정말 많은데, 그 중에서도 이 두 개는 정말 중요한 보험이니까 꼭 잊지 말고 가입하기로 하고, 그래도 불안하다면 'Full coverage'(말 그대로 전체를 커버하는 보험)라는 보험을 들어 달라고 하면 된다!

렌터카 사고 대처법

렌터카를 이용하다가 사고가 나면 그 후에 대처하는 상황도 정말 중요하다. 사고가 발생했다면 사고가 난 즉시 911에 전화를 해서 경찰을 불러야 한다. 그리고 상대방 차와 내 차의 상태를 사진으로 찍어 놓고 렌터카 회사에 전화를 해서 상황을 알려야 한다. 경찰이 도착하면 레포트를 작성하고 보험이 있다면 나머지는 렌터카 회사가 알아서 할 것이므로 렌터카 회사가 하라는 대로 하면 된다.

** 렌터카 회사에서 진술을 요구하는 전화가 몇 번 온다. 전화를 꼭 받고, 사고 경위를 진술해야 하는데 영어 실력이 조금 부족하면 그 회사에 통역사들이 있으니까 통역사 바꿔달라고 해서 진술하면 된다!

고속도로에서 운전할 때

미국에서는 고속도로에서 운전할 일이 많다. 사실 내비게이션에 뜨는 Exit number만 기억하면 고속도로 운전은 쉽다. 그리고 보통 왼쪽에서 첫 번째 라인은 추월 차선이다. 우리나라랑 똑같다. 그러니까 다른 차들한테 피해를 주지 않게 오른쪽으로 빠져서 달려야 하고, 또 큰 도시에서 제일 왼쪽 라인은 엑스트라 차지가 붙으니까 조심하도록 해야 한다!

여행을 떠나면서 여권을 빠뜨리다니

올랜도는 플로리다에서 정-말 유명한 곳 중 하나야. 디즈니랜드, 씨 월드, 유니버설 스튜디오 등 각종 유명한 테마파크들이 밀집해 있기 때문에 1년 내내 문전성시를 이루는 곳이기도 하지. 당시 나는 플로리다 주에 있는 포트 로더데일이라는 곳에서 살고 있어서 올랜도에 가려면 자동차를 렌트하거나 기차를 타거나 버스를 타야 했어. 평소에 돈보다 시간이 더 중요하다는 신념을 가지고 있었기 때문에 비행기를 타고 가기로 결정했지.

하지만 공항에 도착한 나는 내가 저지른 멍청한 실수를 깨달아야 했어. 여권을, 여권을! 가져오지 않았던 거야. 국내선을 타는 거니까 여권을 확인할 거라는 생각을 아예 하지 못했던 거였지.

바보처럼 나는 그 사실을 보안 게이트를 통과하면서 알게 되었어. 여권을 확인한다는 사실에 당황한 나는 보안관을 붙들고 사정을 설명했고, 함께 여행을 가는 친구는 망연자실한 표정으로 고개를 절레절레 흔들며 보안 게이트 너머에서 나를 지켜보고 있었지.

이윽고 공항 보안관은 잠시 기다려 보라고 하더니 잠시 뒤에 두꺼운 책을 들고 나타났어. 그리고는 두꺼운 책을 몇 번 뒤적거리더니 혹시 한국 주민등록증이나 운전면허증은 가지고 있느냐고 물었지. 가방을 샅샅이 뒤져보니 다행히도 그건 가지고 있었어! 그리고 보안관은 내 신분증을 스캔한 뒤에 게이트를 통과시켜 주었지.

나는 여행하는 내내 그 보안관을 하늘에서 내려온 천사라며 칭송했는데, 알고 보니 한국 주민등록증 혹은 운전면허증으로도 공항 보안대를 통과할 수 있는 룰이 있던 거였어. 그래도 공항에 갈 때는 여권을 꼭 빼먹지 말고 챙기자.

디즈니 랜드, Orlando, FL   디즈니 랜드, Orlando, FL

올란도의 유니버셜 스튜디오 입구, Orlando, FL

시애틀의 여행자들

친구들과 함께 약 한 달 동안 샌프란시스코에서부터 라스베가스까지 로드 트립을 한 뒤, 혼자서 5일간 시애틀 여행을 했어. 그리고 그 여행은 내게 둘도 없을 만큼 소중한 인연을 맺게 해 주었지.

시애틀 공항에 도착한 첫날이었어. 나는 먼저 택시를 타고 숙소로 가서 함께 교환학생 프로그램을 밟고 있는 오빠를 만났지. 그는 나보다 먼저 시애틀을 여행 중이었어.

우리는 함께 저녁을 먹기로 하고 시내 레스토랑으로 갔지. 그런데 거의 모든 레스토랑이 여권을 요구하는 게 아니겠어? 펍이 아니고 레스토랑이었는데도! 술을 마시지 않겠다고 말했는데도 여권이 없으면 밥을 못 먹는다는 거야. 저녁만 먹고 들어가려는 생각을 했던 터여서 여권을 숙소에 두고 나왔었거든.

내가 원하는 건 그냥 평범한 저녁식사 그 이상도 이하도 아닌데 여권 때문에 밥을 못 먹는다니 짜증이 솟구쳤어.

그렇게 저녁밥을 찾아서 굶주린 하이에나들처럼 한 시간 이상을 돌아다녔던 것 같아. 결국에는 여권을 요구하지 않는 이탈리안 레스토랑을 겨우 찾아서 밥을 먹을 수 있었지.

다음날 오빠는 한국으로 돌아가고, 나는 혼자 남아 여행을 계속하게 됐어. 친구들과 함께 여행을 하다가 혼자서 돌아다니려니 많이 심심하더라. 일정도 생각보다 빨리 끝나서 혼자 조금 더 돌아다니다가 숙소로 돌아오는 길이었지.

한 무리의 미국인들이 엄청 시끄럽게 떠들어대면서 느릿느릿 걸어가는 거야. 아, 정말 웬만하면 그냥 발 맞춰서 걸으려고 했지만 느려도 너-무 느리게 걸었어. '뭐야, 얘네!' 뒤에서 비켜주길 기다리며 걷다가 더 이상 참을 수가 없어서 그냥 그들을 추월했지.

그때 갑자기 뒤에서 한 남자애가 나를 따라 오더니 아는 척을 했어. "와우!" "오 마이 갓!"을 연발하더니 뜬금없이 나를 보며 신기하다는 거야. 신기하게 생겼다는 말이라고 생각한 나는 기분이 좀 나빠져서 '또라이' 취급을 하고 그냥 개 무시했어. 그런데도 끈질기게 따라오면서 말을 거는데, 내가 묵고 있는 호스텔 이름을 언급하더니 혹시 숙소로 돌아가는 길이냐고 묻는 거야.

"뭐지 얘?"

진짜 이상한 사람이라는 생각이 든 나는 본능적으로 방어 자세를 취했어. 아무래도 여자 혼자서 여행을 하다 보니 마음속에 불신과 방어심리가 가득 차 있었거든. 이윽고 그 친구 무리들까지 내게 다가오더니 통성명을 하면서 시카고에서 여행을 왔고 나와 같은 호스텔에서 묵고 있다고 하더군. 그날 나를 다섯 번 이상을 봤다는 거야. 아침을 먹을 때 조식 라운지에서 처음 봤고, 호스텔을 나오면서 한 번 더 봤고 우연히 나와 여행지까지 겹쳐서 계속 봤다고 하더라고. 그런데 숙소로 돌아가는 시간조차 같아 너무 신기했다면서 천진난만하게 웃으며 이야기하는 거야. 전후좌우를 듣고 경계심이 풀린 나는 그들과 김치 이야기를 하면서 호스텔까지 걸었어.

호스텔에 도착하자, 그들은 라운지에서 다음 날 일정을 짜야 한다며 로비에 있을 거라고 하더군. 나야 뭐 그들 일정과는 관계가 없는지라 먼저 올라가보겠다고 인사를 건네고 걸음을 옮

기는데, 내게 처음 말을 걸었던 친구가 계단으로 뛰어올라오더니 함께 여행을 하자고 제안했어

   그렇게 번호를 주고받고 방으로 들어온 나는 새로운 친구들을 만나게 됐는데, 호주에서 온 친구들이었어. 방으로 들어간 내가 쭈뼛거리니까 먼저 손을 내밀며 말을 걸어왔지. 나이는 전부 다 내 또래였어. 그들은 대학 프로그램으로 시애틀 대학까지 와서 호주에 대해서 알리는 프로젝트를 진행하고 있다고 했어. 그들과 이런저런 이야기를 나누다 보니 어느덧 밖은 어두워진

시애틀의 랜드마크, Seattle, WA

지 오래였지. 그들은 내게 함께 저녁식사를 하는 것은 어떻겠느냐고 물었고, 뭐 별다른 일정이란 게 없었던 나는 당연히 오케이를 했지. 그렇게 저녁식사를 하다가 이 친구들도 함께 여행을 하자고 내게 제안을 했어.

결국 시카고 무리들 플러스 호주 친구들과 함께 시애틀을 여행하게 되었지. 호주 친구들은 나보다 하루 먼저 떠나는 일정이어서 헤어질 때까지 계속해서 함께 여행을 한거야. 다 함께 모여서 아침을 먹고, 낮에는 이곳저곳 관광을 하고, 저녁에

는 펍이나 클럽에도 갔지. 정말 재밌는 시간을 보냈어. 하루는 친구들을 꼬드겨서 모두 한인 타운에 있는 노래방에도 다녀오고 말이야.

하지만 영원한 잔치는 없는 법이잖아? 즐거웠던 추억을 남겨두고 하나씩 둘씩 그렇게 헤어졌지. 그런데 호주 친구 하나가 나보다 하루 뒤에 떠나는 일정이어서 우리는 함께 아침을 먹고, 슬픈 작별인사를 나누었어. 그리고 나는 공항으로 가서 체크인을 하고 비행기를 기다렸지. 드디어 탑승이 시작되고 순서를 기다리며 한국으로 돌아갈 생각에 마음이 부풀었는데, 이게 웬일이람? 짐을 올리고 자리에 앉으려고 하는데, 내 자리에 중년 아저씨가 떡하니 앉아 있는 거야. 나는 표를 들이밀며 "여기는 제 자린데요."라고 정중하게 말씀을 드렸지. 아저씨는 어리둥절한 표정을 지으시더군. 그리고 내게 표를 보여주시는 거야. 승무원에게 확인을 해 보니 전산 오류로 인해서 한 자리를 두 사람에게 준 거었어. 그 아저씨는 비즈니스 일정 때문에 한국으로 급하게 가야 한다고 하셨고, 나는 별 생각 없이 쿨 하게 자리를 양보했어. 물론 승무원은 그 즉시 다음날 좌석 티켓을 다시 끊어주고 호텔을 구해주셨지. 그게 전부가 아니었어. 그날 하루

식대와 함께 1,000달러 바우처(100만 원짜리 쿠폰)까지 주셨어.

이게 웬 횡재인지! 엄청 좋은 호텔에 머물게 된 나는 호스텔에 홀로 남아 있던 호주 친구에게 전화를 했어. 이런 저런 설명을 해 주고는 하루 더 있게 되었다고 하니까 그 친구는 곧바로 짐을 챙겨들고 택시를 잡아 내가 묵는 호텔로 왔지!

인연이란 이렇게 우연으로 엮이기도 하는 건가봐. 우리는 럭셔리한 호텔을 즐기다가 다음날 호텔에서 제공하는 리무진을 타고 동시에 출국을 할 수 있었어.

그 친구는 지금도 계속해서 연락을 주고받으며 지내고 있어. 몇 달 전에는 나 때문에 한국이라는 나라가 정말 궁금해졌다면서 한국으로 여행을 오기도 했지. 그 친구가 한국을 찾았을 때는 내가 미국에 있을 때여서 얼굴을 보지 못해 아쉬웠지만 그래도 우리는 소중한 우정을 지켜가고 있어.

나는 내가 정말 아주 작은 존재에 불과하다는 걸 알아. 하지만 단 한 사람에게라도 한국이라는 나라에 대해 좋은 이미지를 심어준 것 같아 많이 뿌듯한 마음이 들기도 해. 그래서 외국에 나가면 한 사람 한 사람이 다 외교관이라고 하는 걸까?

라스베가스의 작업남

 라스베가스는 정-말 번쩍번쩍한 도시야. 나는 라스베가스라고 하면 정말 번쩍번쩍밖에는 생각이 나지 않아. 사실 내가 라스베가스에 갔던 건 태양의 서커스단에서 공연하는 'O Show'를 보기 위해서였는데, 이 쇼는 값이 조금 비싸. 평균 100달러가 넘다보니 내 친구들은 쇼를 보려고 하지 않았지. 그래서 나는 혼자 벨라지오 호텔에서 공연하는 쇼를 보고 호텔 앞에 있는 분수 쇼를 보며 친구들을 기다리고 있었어.

 그때 갑자기 한 미국인이 내게 말을 걸어오는 거야! 혼자 여행을 온 거냐면서. 경계심이 발동한 나는 대답 대신 눈에 힘껏 힘을 주고 그 청년을 위 아래로 훑어봤지. 그는 내게 유타 주에서 친구들과 함께 놀러온 학교 선생님이라고 했어. 근처에 서 있던 그의 친구들이 나를 보고 손을 흔들더군. 그는 내 경계심을 풀어주려는 듯 농담을 하면서 선생님이라는 걸 증명하려는지 핸드폰에 들어 있는 자기 사진들을 보여주었지.

 분위기가 조금 좋아지고 있을 때 쯤 그가 함께 저녁을 먹지 않겠느냐고 제안했어. 나는 거절했지.

 "안 돼, 난 친구를 기다리고 있어."

벨라지오 호텔과 분수 쇼.

라스베가스의 공항에는 게임기가 카지노처럼 있다.

"친구들이 올 때까지만이라도 함께 식사하면 어때?"

는 그 친구를 자세히 살펴보았지. 말하는 것도 괜찮고 키도 훤칠하고 잘생겼어. 뭐, 잠깐 이야기를 나눠보는 것도 괜찮겠다는 생각이 들었지.

나는 바로 앞에 보이는 레스토랑을 가리키고는 그곳이라면 좋다고 했어. 그는 고개를 끄덕이고는 친구들과 헤어진 뒤 내게로 오더군.

그런데 내가 찍은 레스토랑이 엄청 고급스러운 레스토랑이었다는 거야. 레스토랑에 들어간 나는 하나 같이 엄청 비싼 메뉴들을 보고는 깜짝 놀랐지. 어쨌든 나는 친구들을 기다리는 동안 맛있는 저녁을 대접받았고, 저녁을 먹는 도중에 친구들이 도착을 해서 그와는 번호를 교환하고는 헤어졌어.

그런데 그걸로 끝이 아니었어. 그 뒤로 간간히 연락을 하더니 몇 달 뒤에 학교로 나를 찾아온 거지. 그리고는 뜬금없이 나와 결혼하고 싶다는 거야.

"얘가 정상이긴 한 건가?"

그건 그와의 관계를 확실하게 정리해야 한다는 신호였지. 그를 돌려보내면서 나는 세상에 이런 일도 있을 수 있구나 싶었어. 뭐, 오랜 시간이 흐른 뒤에는 재밌는 추억으로 남을 수도 있겠지만 그는 내게서 무엇을 보았기에 결혼을 하고 싶다고 했을까? 그냥 찔러나 본 걸까?

공포의 시카고 지하철

 2016년 겨울, 나는 시카고에 있었어. 무엇보다 기억에 남는 게 있다면 엄청 추웠다는 거야. 하필 우리가 여행하던 때는 시카고에 기록적인 한파가 찾아와 영하 30도까지 떨어지는 신기록을 세우기도 했지.

 시카고에 도착해 공항에서 숙소까지 택시를 탔는데, 요금이 무려 60달러가 나왔어. 별로 비싸지 않은 것 같다고? 팁까지 합쳐서 우리 돈으로 칠만 원을 낸 거라고. 비싸도 너무 비싸다고 생각한 우리는 돌아갈 때는 대중교통을 이용하기로 작정했지. 시카고는 지하철이 24시간 운행하기 때문에 일찍 일어나기만 한다면 별 무리가 없다고 생각한 거야. 하지만 우리가 잊고 있는 게 있었어. 우리가 탈 비행기는 오전 7시에 출발하는 비행기였고, 그럼 적어도 새벽 5시까지는 공항에 도착해야 한다고 거였고, 지하철을 타고 공항까지 한 시간이 걸리고, 지하철을 기다리는 시간까지 감안한다면 새벽 3시 반에 출발해서 지하철을 타러 가야 한다는 거였지.

 시카고는 치안이 좋지 않기로 유명한 곳 중 하나야. 우리도 그걸 잘 알고는 있었지만 돈을 아끼겠다는 일념에 그처럼 중요

윌리스 타워에서 내려다 본
시카고

한 사실을 까먹었던 거지. 우리에게 닥칠 운명의 그림자는 까맣게 모른 채 우리는 지하철을 타러 간 거야.

한국인 여자 둘이 빨간 코트를 입고 새 캐리어를 끌고 지하철에 등장하자 노숙자들이 힐끗힐끗 쳐다보기 시작했어. 조금 이상한 기운을 느끼기는 했지만 기분 탓이려니 여기고는 지하철에 몸을 실었지. 지하철에서는 더더욱 이상한 기운이 느껴졌어. 매서운 추위를 피하기 위해 노숙자들이 전부 지하철로 모여들어 숫자가 엄청 많았던 거야.

사람들의 시선이 일제히 우리에게 향했어. 그리고 조금은 멀쩡해 보이는 중년 남자가 말을 걸어 왔지. "너, 어디에서 왔니?" 그리곤 꾸짖듯 말했어. "너 같은 여자애가 이 시간에 지하철을 탄다는 게 얼마나 위험한데 캐리어를 끌고 지하철을 탈 생각을 했지?" 그리고 자기는 공항 몇 정거장 전에 내린다면서

우연히 마주친 시카고의 크리스마스 마켓. 원래는 광장이다

그때까지라도 지켜주겠다고 했어. "공항까지 안전하게 가면 좋겠구나." 어쨌든 우리가 하늘에서 내려온 수호천사를 만난 것은 틀림없는 것 같았어.

그리고 잠시 뒤였지. 노숙자 한 분이 우리 앞에서 담배를 피우기 시작한 거야. '아니, 담배라니! 여기는 지하철 안인데!'

하지만 말리는 사람은 단 한 명도 없었어. 그때였지. 그 수호천사가 나선거야. "이봐, 숙녀분들 앞에서 담배를 피우면 어떡해!" 그 다음은 싸움이었지. 두 사람 사이에 거친 욕설이 오갔어. 그리고 노숙자가 구석 자리로 물러나 잠드는 걸로 상황이 정리되는 듯 했지. 하지만 또다시 심상치 않은 분위기가 감돌기 시작했어. 우리의 수호천사가 갑자기 지하철에 붙어 있는 플라스틱 지도를 뜯어내기 시작한 거야. 상남자라는 걸 증명이라도 하려는 듯이 말이야.

163

당황한 나는 '이게 뭔 일이지?' 하는 황당한 얼굴로 주변을 둘러봤어. 그러자 끝쪽에 앉아 있던 흑인 노인이 무슨 짓을 하는 거냐며 소리를 지르셨고, 그 수호천사(그때는 좀 의구심이 들었지만)도 네가 무슨 상관이냐며 소리를 지르면서 다시 싸움이 벌어졌지. 분위기가 살벌했어. 총기 사고라도 나는 게 아닐까 싶었지. 우리에게까지 불똥이 튀면 어쩌나 하는 초조한 마음이 들이시 시선을 바닥에 둔 채로 얼어붙었어. 하지만 다행히도 흑인 노인이 물러서면서 싸움은 끝이 났고, 그 수호천사(?)는 뜯어낸 플라스틱 지도를 시카고 방문 기념이라면서 우리에게 건넸어.

'아저씨, 저희는 정말 그거 필요 없어요….'

물론 속으로만 생각했을 뿐이야. 우리가 아무런 말도 없이

너무 추워서 사람을 찾아볼 수 없는
시카고의 공원

그냥 가만히 있자. 그는 지도를 자기 가방에 쑤셔 넣고는 다음 정거장에서 내렸어. 그리고 바로 그때 경찰 둘이 우리 칸에 타는 거야! 우연의 일치였어. 순찰을 돌던 경찰이 그 많고 많은 칸 중에 운 좋게도 우리 칸에 탄 거지. 시카고 지하철은 옆 칸으로 이동할 수가 없게 되어 있거든! 우리는 할렐루야를 외치며 그 경찰들 옆에 꼭 붙어서 무사히 공항에 도착할 수 있었어. 아, 나는 역시 운이 좋은 여자야!

나는 아직도 그때의 일이 잊혀 지지 않아. 그 경찰들이 아니었다면 우리는 무사히 공항까지 갈 수 있었을까? 만약 시카고에 갈 일 있다면 이거 하나는 기억했으면 좋겠어. 늦은 밤이나 새벽 시간에는 절대로, 절대로 지하철 타지 말라는 것!

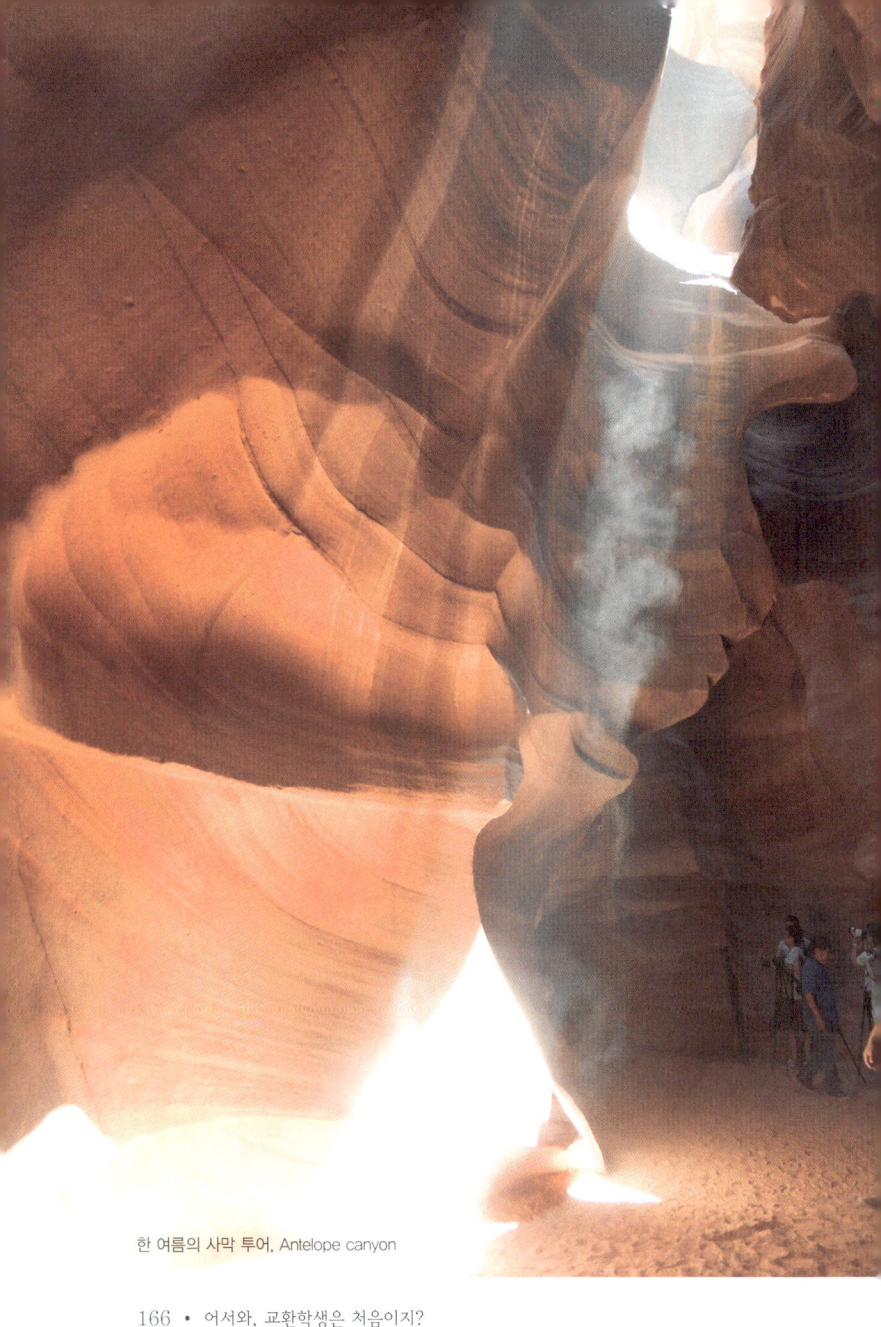
한 여름의 사막 투어, Antelope canyon

한 여름의 사막 투어, Antelope canyon

죽음의 사막, 데쓰밸리

때는 6월 말, 라스베가스의 기온이 50도를 웃돌던 날이었어. 정말 너무너무 더워서 어떤 기계든 5분만 밖에 꺼내놓으면 맛이 가는 그런 날씨. 그런 날씨에 우리는 데쓰밸리로 향했어. 가는 길에는 빨간 표지판이 엄청나게 많았는데, 나는 그 빨간 표지판이 경고 표지판이라는 걸 전혀 예상하지 못하고 있었지. 사실 신경도 쓰지 않았어.

라스베가스 근처에 있는 데쓰밸리는 직역하자면 죽음의 골짜기야. 서반구 쪽에서는 지대가 가장 낮아서 어떤 동물이나 식물도 살아남을 수 없다는 곳이지. 그래서 데쓰밸리라고 하는 거야.

우리가 그곳에 갔을 때는 앞에서 말했던 것처럼 정-말 더운 날이었어. 우리 차도 약간 맛이 가서 에어컨도 제대로 나오지 않았지.

우리가 데쓰밸리에 도착했을 때에는 유명한 관광지임에도 사람이 하나도 없었어. 너무 더웠기 때문이야.

기온이 너무 높아서 숨이 막힐 지경이었지만 그래도 어렵게 온 이상 관광을 포기할 수는 없었지. 우리는 일단 유명한 포인트 순서대로 둘러보기로 하고 차에서 내렸어. 그리고 한 3분 아니 5분쯤 걸었을까? 정말 죽음을 경험했지. 주변은 온통 휑하기 그지없었고 우선 숨도 제대로 쉴 수가 없었어. 할 수 없이 우리는 관광을 포기하고 바로 숙소로 돌아가기로 결정할 수밖에 없었지.

숙소로 돌아오는 길에 붉은 표지판을 자세히 들여다봤어. 기온이 높아 타이어가 터질 수 있으므로 적어도 2개 정도의 여분을 준비하라는 문구가 적혀 있었지. 숙소로 돌아가기로 결정한 게 천만다행이었다는 생각이 들더군. 우리는 여분의 타이어를 챙기지 않았거든.

참고로 모든 미국 국립공원은 핸드폰이 터지지 않아. 전화도 안 되는 상황에서 펑크가 나면 그 뜨거운 뙤약볕에 아래에서 구조될 때까지 기다려야 하는 거지 우리가 그런 꼴이 됐을 수도 있었다는 생각을 하니 식은땀이 다 났어.

혹시라도 데쓰밸리에 갈 기회가 있다면 여름에는 절대, 절대 가지마! 그리고 경고판도 잘 읽어두도록 하고.

낯선 세상 속으로 떠나보기

여행 플랜 합리적으로, 똑똑하게 짜기

보통 여행을 간다고 하면 자세하게는 아니더라도 전체적으로 루트는 꼭 짜고 갔으면 한다. 우리가 그 나라를, 언제, 또 얼마나 더 가보겠는가. 이왕에 가는 거, 제대로! 200% 즐길 수 있도록 여행 플랜을 짜고 가는 게 좋겠다.

첫 번째 해야 할 일은 여행할 지역을 선정하는 것이다. 내 여행 스타일은 어떤지, 내가 좋아하는 건 뭔지, 평소에 하고 싶었거나 가고 싶었던 곳에 따라서 어떤 곳을 가고 싶은지 설정하도록 한다.

가고 싶은 곳이 정해졌다면 그 지역에서 내가 특별히 가고 싶은 곳을 모두 정리한다. 그러니까, 각종 유명한 곳들, 그러니까 평소 먹어보고 싶었던 음식을 파는 레스토랑이라든지 인터넷에 소개되어 있는 관광 명소 등등.

아, 여기서 팁 하나. 관광 명소라고 해서 무조건 가야 된다는 건 아니다. 관심이 있어야 관광 명소도 의미 있게 다가온다. 무조건 관광 명소라고 해서 가는 것보다는 꼭 그곳에 가보고 싶은지 생각한 후에 결정하도록 하자.

그 다음에는 구글 지도에서 지역 지도를 대충 따서 가고 싶은 곳들의 위치를 동그라미로 그려보도록 한다. 그렇게 해보면 대충 숙소를 어디에 예약해야 할지 나온다. 그리고 그 지도를 참고해서 숙소를 예약한다. 이렇게 하면 교통비도 절약되고 체력 낭비도 안 하고 여행 기간 동안 일석이조의 효과를 볼 수 있다!

숙소 예약까지 끝났다면 이제 세부 일정을 짠다. 자유로운 여행을 원하는 스타일이라면 짜지 않아도 무방!

일정표는 한국어로 하나를 만들고 영어로 하나를 더 만들도록 한다. 길을 찾을 때 유용하게 쓰인다.

일정표를 다 짠 다음에는 관광지별로 간단하게 정보를 적도록 한다. 관광지별로 오픈 시간, 클로즈 시간과 함께 관광지에 대해서 알아야 할 간략한 정보들을 정리하는 것이다. 꼭 공부를 하고 가야 하는 건 아니지만 알고 가니까 평범한 곳도 더 재미있게 느껴지는 것 같다. 조금 귀찮더라도 간단하게나마 조사하고 가도록 하자.

여행에서의 행동 수칙

숙소에서 나설 때 가방은 가볍게!
보통 여행을 하게 되면 많이 걷게 되는 경우가 많은데 이 경우에 가방이 무거우면 체력적으로 힘들다. 가방은 최대한 가볍게 하고 숙소에서 나서자!

돈은 모자라지 않게 준비하기
여행을 하다보면 어떤 순간에 어떤 일이 닥칠지 모른다. 돈은 항상 예상 금액보다 20만 원 정도 더 챙겨서 모자라지 않게 준비하자.
예) 각종 디파짓들, 도난 등

캐시는 항상 적당히 들고 다니기
여행을 하다 보면 딱 보기에 이방인이라는 티가 나기 때문에 아무래도 질이 안 좋은 갱스터들의 표적이 될 가능성이 높다. 캐시와 같은 경우는 아무래도 분실 위험도 높으니까 필요

할 때 뽑아서 쓰는 식으로 사용하고 보통 때는 신용카드나 혹은 체크카드를 쓰는 게 좋다. 캐시는 적당히 50달러 정도만 들고 다니는 걸 추천한다.

도시 지도 챙기기

지도를 챙기는 건 어딜 가나 참 중요하다. 지도를 보면 그 곳에 어떤 곳이 유명한지 한눈에 볼 수 있고 또 그 곳으로 어떻게 가야 하는지 길도 쉽게 설명되어 있다. 또한 그 관광지에 대한 간략한 설명도 함께 들어 있기 때문이다. 지도는 보통 숙박업소에서 쉽게 구할 수 있고 아니면 도시를 돌아다니다가 인포메이션 센터에서 물어봐서 구할 수도 있다. 식당에서도 구할 수도 있으니까 참고하도록 하자!

보조 배터리나 충전기 필수

나는 사진을 찍을 때 디지털 카메라도 사용하긴 하지만 보통 핸드폰으로 사진을 많이 찍는 편이다. 그래서 보조 배터리나 충전기를 항상 소지하고 다닌다. 핸드폰으로 사진을 찍는 경우가 많지 않더라도 핸드폰 전원이 나가지 않도록 보조 배터리나 핸드폰 충전기를 들고 다니는 걸 추천한다.

어디에서 자야 하지?

미국 여러 곳을 여행하면서 숙소에 관련된 질문도 정말 많이 받았는데, 숙소별로 다양하게 차이가 많이 난다! 차이점을 간단히 설명하도록 하겠다. 각기 장단점이 있으니 숙소를 결정할 때 참고하도록 하자.

호텔
말 그대로 호텔이다. 저 다섯 개 옵션 중 단연 베스트 오브 베스트라고 하고 싶지만 조금 비싼 가격이 흠이다. 보통 대도시 기준 8만 원 선에서 시작하고 무엇보다 방을 사용하는 시간만큼은 내 마음대로 할 수 있어서 좋은 것 같다. 쾌적한 환경에 청소를 직접 하지 않아도 된다는 장점이 있다.

아, 호텔비와 별도로 주차비를 따로 요구하는 곳도 있고, 주차비가 비싸므로 예약을 할 때 참고하도록 한다.

참, 미국은 팁 문화가 있으므로 호텔에서 나오기 전에 팁을 조금 챙겨서 TV나 테이블 옆에 놓고 나오는 센스를 발휘해 주자.

호스텔

우리나라에 있는 게스트하우스랑 비슷하다. 보통 2인실, 4인실, 10인실, 12인실 중에 선택할 수 있고, 남녀 혼성/여성전용/남성전용 옵션으로 선택할 수 있다. 처음 체크인을 하면 방을 배정받게 되는데, 방에 도착하면 시트들과 수건이 침대 위에 있을 것이다. 시트는 내가 사용할 침대 위에 본인이 직접 깔아야 되는 시스템이고 체크아웃하는 날에는 내가 사용했던 시트들을 싹 빼고 정리해서 프론트 데스크로 가져다 줘야 한다. 2층 침대로 배정받으면 좀 피곤할 수 있다. 시트를 깔고 빼는 게 1층보다 어렵기 때문이다. 체크아웃 타임은 보통 10시고 타임을 넘기면 엑스트라 차지(추가금)가 붙으니까 시간 주의하도록 한다! 새로운 친구를 사귈 수 있는 장점이 있긴 하지만 모르는 사람이랑 함께 방을 쓰는 거라서 분실물이 발생할 가능성도 있다. 내 짐은 사용 후에는 항상 깨끗이 정리해서 같이 방을 사용하는 다른 사람에게 피해가 안 가도록 해줘야 한다. 내 물건은 내가 챙기는 거 잊지 말자!

INN

보통 하이웨이(고속도로) 근처에 많다. 우리나라 기준으로 봤을 때 모텔이라고 생각하면 이해가 빠를 것 같다. 가격은 보통 5~6만 원 선이고 더 싼 것도 많지만 싼 건 다 이유가 있는 법…. 바퀴벌레뿐만 아니라 엄청난 각종 벌레들을 보게 될지도 모른다. 방 느낌은 호텔이랑 조금 비슷한데, 당연히 호텔보다 고급스럽지는 않다. 그냥 작은 호텔 정도라고 생각하면 될 것 같다!

INN은 보통 차 없이는 가기 힘든 곳이다. 어메니티(샴푸. 린스. 바디워시. 칫솔. 치약)가 있는 곳도 있었고 없는 곳도 있으므로 체크인을 할 때 확인하고, 여행 인원이 2명이나 4명일 때 추천하는 곳이다.

에어비앤비

에어비앤비는 미국 현지 친구들이 여행을 갈 때 애용하는 숙소 사이트 중에 하나였다. 빈 원룸, 사람이 살지 않는 일반 가

정집 혹은 아파트를 짧은 기간 동안 빌려주는 형식으로 거래되는 사이트고, 일반인끼리 거래되는 곳이라 그만큼 장점도 많고 단점도 많은 곳이다. 에어비앤비를 사용하면 여행하는 기간 동안 마치 현지에서 사는 것 같은 기분을 받으면서 여행할 수 있는 장점이 있다. 이웃 주민들과 같은 공간에 있으므로 그곳에 사는 사람들의 모습을 더 가까이서 볼 수 있다는 것도 장점일 수 있다!

일반 숙박업소가 아닌 '집'이므로 취사도 당연히 가능하고 세탁기가 있어서 빨래를 할 수 있는 곳도 있다. 하지만 아무래도 다른 사람의 집을 사용하는 것이다 보니까 항상 깨끗하게 사용해줘야 하고, 체크아웃할 때 집주인을 배려해서 깨-끗하게 청소를 해 주고 나와야 한다. 그리고 에어비앤비를 사용하게 되면 집 주인이랑 통화를 하거나 메시지를 주고받을 일들이 좀 (많이) 생긴다. 체크인 때도 여러 가지 주의사항도 들어야 하고 집을 사용하다 문제가 발생하거나 궁금한 점이 있을 때는 바로바로 컨택을 해야 되기 때문에 영어가 가능해야 한다. 영어 못 하는 걸 이용해서 몇몇 나쁜 사람들은 하지도 않은 행동들에 바

가지를 씌울 수도 있기 때문이다. 예를 들어서 문제없이 잘 이용하고 나왔는데 내가 사용한 뒤로 고장이 나서 바꿔야 된다고 돈을 요구한다든지, 뭐가 파손되고 없어 졌다든지….

그리고 에어비앤비는 예약을 하기 전에 위치를 꼭! 잘! 확인해봐야 한다. 현지인들이 사는 곳이라서 그런지 도심하고 떨어져 차를 타고 이동해야 되는 경우가 정말 많다. 싸다고 예약했다가 택시비가 더 나올 수도 있으므로 꼭 구글을 이용해서 여행하고자 하는 곳과 가까운 거리인지 아닌지 다시 한 번 확인해 보도록 한다.

카우치 서핑

카우치 서핑도 숙박업소 중 하나로, 무료로 다른 사람 집에 있는 쇼파나 빈 매트리스에서 잠을 잘 수 있는 사이트다. 카우치 서핑의 최대 장점은 공짜의 유혹, 무료라는 점이다! 쪽잠을 자는 형태라서 그런지는 모르겠지만, 돈 없이 여행하는 학생들에게는 제격인 곳 같다.

하지만 그만큼 감수해야 할 점도 정말 많은 곳 중 하나다. 카우치 서핑도 일단 다른 사람 집에서 잠을 자는 형식의 숙박 형태기 때문에 주인과의 기본적인 의사소통이 이루어져야 한다.

하지만 이상한 사람들이 좀 많다는 이야기도 많이 들었다. 내 친구 이야긴데, 그 집에 도착했더니 집 주인 성격이 너무 이상해 보였다는 것이다. 집 분위기도 스산했고, 저녁을 집 주인이 직접 차려 줬는데 내 친구를 게스트가 아닌 성적 대상으로 보는 느낌이 너무 강해서 새벽에 도망쳐 나왔다고 했다. 여자들이라면 특히 더 조심해야 하는 사이트인 것 같다.

물론 예외로 좋은 추억을 쌓고 돌아온 친구도 있는데 그 친구는 이스터 홀리데이(미국 명절) 때 카우치 서핑을 했다고 한다. 그때 집주인이 친구들과 파티를 한다며 그 파티에 데리고 가서 즐거운 시간을 보내고 왔다고 하는데, 그만큼 게스트들마다 후기도 제일 많이 엇갈리는 곳인 것 같다.

뉴욕의 브루클린 브릿지

미국, 어디까지 가봤니?

미국에서 교환학생이나 어학연수를 하다보면 방학 기간이 찾아오게 된다. 특히 교환학생으로 간다면 학기 중 많게는 두 번, 적게는 한 번 정도 방학기간이 있는데, 대부분의 학생들은 그때 살고 있는 지역을 벗어나 여행을 떠난다.

교환학생, 어학연수를 간다면 어느 곳을 가봐야 할지 여행에 대한 잔 지식도 조금 필요해지는 것이다.

여기서는 각 도시별로 간략한 팁들을 들려주려고 한다. 지역별 특징과 어떤 곳을 꼭 가봐야 하는지, 그리고 떠나기 전에 꼭 알고 가야 할 점들을 정리했다. 나는 각 지역별로 보통 4, 5일 정도를 여행했었다.

뉴욕

뉴욕이라고 하면 자유의 여신상이나 맨해튼이 떠오를 거야. 뉴욕은 일일이 나열할 수 없을 정도로 정말 볼 곳도 많고 들러봐야 할 곳도 많지. 영화에 수도 없이 나왔던 곳이기도 하고.

사실 '뉴욕'은 주 이름이야. 우리가 여행하는 뉴욕은 뉴욕시티 혹은 맨해튼이라고 해. 뉴욕시티는 우리나라와 비슷한 4계절의 기후를 가지고 있고, 타임스퀘어와 엠파이어스테이트 빌딩이 자리하고 있는 대도시지.

아, 그런데 뉴욕에는 진짜 미국인이 별로 없대. 80, 90퍼센트가 혼혈이거나 다른 나라에서 온 사람들로 이루어진 도시고, 그 만큼 엄청나게 많은 문화가 뒤섞여 있는 도시이기도 해. 그만큼 다른 문화를 직접 경험해 볼 수도 있는 거지.

사실 유명한 고게 너무 많아서 나열하기가 쉽지는 않지만 그래도 뉴욕에 갈 생각이라면 센트럴파크나 자유의 여신상, 브루클린 브릿지는 놓치지 말고 꼭 보고 왔으면 좋겠어. 그리고 뉴욕은 여행 스타일(식도락 여행, 쇼핑, 관광, 예산)에 따라서 추천하는 곳들이 다양하게 갈리니까 기간도 중요하지만 어떤 여행을 하고 싶은지 미리 생각하고 인터넷 검색을 통해 계획을 짜도록 하는 게 좋을것 같아.

시애틀

시애틀은 항구도시야. 스타벅스 1호점이 자리하고 있는 곳이라 스타벅스 팬이라면 1순위로 가고 싶어 하는 곳이기도 하지. 항구 옆 관람차를 타고 바다를 조망할 수 있어. 따로 해변을 가고 싶다면 알카이 비치라는 곳에 가면 돼. 그곳에서는 한눈에 시애틀을 조망할 수 있지. 중심가와는 조금 떨어져 있는 곳이야.

시애틀은 일반 레스토랑에서도 여권을 확인한 후에 식사를 할 수 있는 곳이어서 항상 여권을 소지하고 다녀야 해. 꼭 가봐

시애틀 주립대학교 전경

야 할 대표적인 장소로는 파이크 플레이스 마켓, 스페이스 니들이 있고 유리 박물관도 유명해. 아, 그리고 시애틀 근처에 꼭 추천해 주고 싶은 곳이 있는데, 시애틀에서 30분 정도 떨어진 곳에 있는 마운틴 레이니어 국립공원이야. 설산으로 굉장히 유명한 곳인데 스위스 느낌이 나는 곳이라고 해야 하나. 개인적으로는 그랜드캐년보다 훨씬 더 좋았어. 굳이 자동차를 렌트하지 않아도 시애틀에서 단체 투어로 픽업해 주는 곳이 있으니까 시간이 괜찮다면 꼭 가보도록 해.

샌프란시스코

샌프란시스코라고 하면 떠오르는 빨간 다리, 바로 금문교가 제일 유명하지. 금문교에서는 자전거를 렌트할 수 있어. 그리고 금문교 바로 옆에 팔라스 오브 파인 아트(Palace of fine arts)가 있는데 옛날에 극장으로 쓰였던 곳이래. 그곳도 매우 아름답고 웅장하니까 꼭 들러 보도록 해.

금문교를 건너게 되면 소살리토라는 마을이 나오는데, 그곳

샌프란시스코, Fishermans wharf. 클램 차우더가 유명한 곳

도 한번 둘러보기에 너무 좋은 곳이야. 음 그리고 또 여기에는 피셔맨스 와프라는 곳도 아주 유명해. 그곳에 가면 클램챠우더라는 것을 꼭 먹어봐야 한대. 나는 인 앤 아웃 버거를 먹고 배가 불러서 먹어보지 못했으니까 대신 먹어 줘.

샌프란시스코에는 케이블카가 있는데 우리가 아는 케이블카와는 다르게 생겼어. 한 번 타는 데 좀 비싸긴 해. 현금으로 8달러를 지불해야 하니까. 현금 소지는 필수야.

산호세의 기묘한 집

로스앤젤레스

　말로만 듣던 로스앤젤레스! 우리에겐 LA 갈비로도 더 유명한 곳이지. 한인 커뮤니티가 엄청 큰 곳이라서 그런지 이곳에선 영어를 하지 않아도 살 수 있다나?

　나는 LA 한인 타운에서 순두부찌개를 먹었었는데 한국에서 먹던 것보다 훨씬 맛있었어.

　본론으로 들어가기 전에, 혹시 라라 랜드(Lala land)라는 영화 봤어? 라라 랜드라는 영화의 배경이 바로 로스앤젤레스야. 그

중에서도 꼭 가봐야 할 곳으로 추천해 주고 싶은 곳은 할리우드 거리보다는 바로 그리피스 천문대야. 그곳에서 내려다보는 야경이 얼마나 멋진지 몰라.

LA에는 멋진 해변이 많아. 대표적인 해변으로는 산타모니카, 베니스 비치, 맨해튼 비치, 레돈도 비치가 있어. 혹시 로스엔젤레스를 방문할 생각이라면 라라 랜드라는 영화를 꼭 한번 보고 가는 게 좋겠어! 로스엔젤레스를 100배는 더 즐길 수 있을 거야.

영화 라라랜드의 주인공 역할을 했던 그리피스 천문대

Seaport Village, 샌디에이고

샌디에이고

샌디에이고는 캘리포니아 주 제일 아래에 있는 도시야. 휴양 도시로 유명한데, 해변에 가면 서핑을 하고 있는 사람들을 많이 볼 수 있어. 그리고 다른 곳과 달리 특이한 점이 있는데, 바로 바다 물개랑 같이 서핑을 하고 수영을 즐길 수 있다는 점이야. 라호야 비치에 가면 바다 물개를 가까이에서 볼 수 있으니까 꼭 가보도록 해.

샌디에이고는 라호아 비치, 발보아 파크가 유명해. 샌디에

이고 현지 친구가 알려준 곳이었는데, 'Hotel del Coronado' 라는 호텔이 있어. 진짜 말로 다 표현을 하지 못할 정도로 멋 있진 곳이야.

    나는 석양이 질 때 쯤 갔었는데, 석양과 호텔의 조화가 정말 사진으로도 담지 못할 정도로 환상적이었어. 호텔 게스트가 아 니라도 근처에 주차하고 둘러볼 수 있는 곳이니까 꼭 둘러봐. 인생 호텔이라고 자부해. 이 호텔 때문에라도 샌디에이고는 꼭 다시 방문하고 싶은 곳이었어.

라스베가스

라스베가스는 카지노의 도시라고 해도 과언이 아닌 도시야. 어딜 가든 쉽게 카지노를 볼 수 있고 심지어 들어갈 때도 여권 검사를 하지 않아. 게임에 참여한다고 하면 여권 검사를 하기는 하지만 만 21세 이하여도 카지노 구경은 가능해. 공항에도 카지노가 있을 정도니까 정말 대단한 카지노의 도시라고 해야 하나?

하지만 라스베가스에서 가장 추천해 주고 싶은 건 사실 쇼핑이야. 온갖 브랜드, 온갖 명품 점들이 호텔에 수두룩하게 있고 가격도 저렴해. 게다가 텍스도 다른 곳보다 훨씬 싸니까 쇼핑하기에는 정말 최고인 환경이지. 그리고 벨라지오라는 호텔 앞에는 5분마다 한번 씩 분수 쇼가 공연되는데, 정말 멋지니까 꼭 보는 거 잊지 말고!

라스베가스의 밤

앤텔롭캐년

앤텔롭캐년은 전 세계 잡지에 여러 번 실릴 정도로 유명한 곳이야. 네바다 주에 있는 캐년을 둘러보려고 한다면 꼭 가보도록 추천하고 싶은 곳 중 하나지. 가기 전에 필수적으로 예약을 해야 하고, 단체를 대상으로 한 가이드 투어가 이루어지는 곳이므로 투어 시간에 늦지 않도록 주의해야 해. 나는 5분 정도 늦었는데 하마터면 그날 투어를 하지 못할 뻔 했어. 결원이 생길 때까지 기약 없이 기다린 뒤에야 겨우 관광을 할 수 있었지.

이곳도 그랜드캐년과 비슷하게 투어가 2가지로 나누어져 있

사우스림 전경, 그랜드 캐년

어. 어퍼 투어, 로워 투어야. 두 가지 투어 중에 한 가지를 선택해서 예약을 해야 하는데, 보통 많이 가는 곳은 로워 투어야.

가이드에게 들은 말인데, 앤텔롭이라는 뜻은 사슴이라고 해. 옛날에 앤텔롭캐년에 살던 원주민들이 활로 사슴을 사냥하곤 했었는데, 그 사슴 이름이 앤텔롭이었다는 거야.

협곡이 정말 예술적으로 이루어져 있는 곳이라 실제로 보면 더 장관인 곳이니까 캐년 여행을 생각한다면 리스트에 넣어도 후회하지 않을 곳이라고 생각해!

앤텔롭캐년 그룹 투어, 애리조나

그랜드캐년

그랜드캐년은 사실 많은 사람들의 버킷리스트에 들어 있는 정말 꿈의 여행 리스트라고 할 수 있어. 그랜드캐년 관광지는 사실 사우스림과 웨스트림으로 나누어져 있어. 이렇게 두 곳으로 나뉘어 있기 때문에 어떤 곳을 보고 싶은지 한 곳을 정하고 가야 해. 물론 두 곳 다 볼 수도 있지만 그렇게 되면 시간상 빠듯해질 거야.

두 곳의 느낌이 다르니까 사진을 통해 꼼꼼히 확인하고 리뷰도 꼼꼼히 읽어서 선택해야 해. 그랜드캐년에서의 캠핑도 참

낭만적이고 좋지만 캠핑을 하게 되면 물티슈로 씻어야 되니까 넉넉하게 챙겨가길 바래.

그랜드캐년 입구에서 입장료를 끊고 들어가면 지도를 하나 줄 거야. 안으로 들어가면 핸드폰이 안 터지니까 그 지도를 잘 활용해야 하는 거 잊지 마! 그리고 그랜드캐년 안에는 전용 셔틀버스가 다녀. 그래서 안에 들어가면 굳이 차량으로 이동하지 않아도 셔틀버스로도 충분히 이동이 가능하니까 그것도 참고하도록 해!

시카고(일리노이 주)

시카고는 미국의 중앙 윗부분에 있는 도시야. 바람이 많이 불어 '윈디 시티'라고 불리는 곳이기도 해. 나는 겨울에 갔다가 영하 30도를 몸으로 경험하고 왔지. 시카고를 여행하는 사람들은 보통 봄, 여름, 가을에 여행을 가는 곳이라고 해.

시카고에서 특히 기억에 남는 건 야경이었어. 야경 보는 걸 좋아해서 각 도시를 여행할 때마다 놓치지 않고 봤지만 시카고의 야경은 그야말로 최고였어. 난 그 야경 때문에라도 시카고에 꼭 다시 가보려고 해.

시카고에 간다면 꼭 시카고 피자를 먹어보도록 해. 가렛 팝콘도 유명하긴 한데, 굳이 사먹지 않아도 괜찮은 맛이야. 개인적으로 한국에서 파는 팝콘(갈릭, 카라멜, 치즈, 어니언)이 맛도 더 다양하고 훨씬 맛있다는 생각이야. 이건 개인적인 의견이 아니라 같은 방을 썼던 룸메이트들 공통된 의견이었어.

시카고에 있는 유명한 관광지로는 윌리스 타워, 밀레니엄 파크(밀레니엄 파크 안에 있는 '클라우드 게이트'라고 생긴 콩 모양의 조형물이 시카고의 상징물일 정도로 유명), 네이비 피어(관람차가 유명), 존 핸콕 타워(야경)가 유명해.

달라스(텍사스 주)

텍사스에서 큰 도시로는 휴스턴과 달라스 두 곳이 있는데 달라스는 내가 지내던 지역과 가까웠어. 그래서 관광보다는 필요한 게 있으면 다녀오곤 하던 곳이었지.

달라스는 케네디 대통령이 살해된 곳으로 유명한 곳이기도 한데, 저격을 받은 지점에 비석이 세워져 있어. 케네디 대통령 메모리얼 광장도 있어서 역사에 관심이 있다면 추천하고 싶은 곳이야!

달라스의 길거리

휴스턴 NASA 센터

휴스턴

휴스턴은 첫 번째 달 탐사를 성공한 나사센터가 있는 곳으로 정말 유명한 곳이지. 그래서 휴스턴에 있는 나사센터에 가면 아직도 그때 사용했던 관제 센터가 그대로 보존되어 있어. 뿐만이 아니라 여러 가지 우주선에 관련한 것들을 체험해보고 경험해볼 수 있어서 관광객들이 많이 찾는 곳이기도 해.

그리고 휴스턴 근처에 갤버스턴이라는 해변이 있어서 휴스턴에 간다면 갤버스턴도 함께 보고 오는 걸 추천하고 싶어. 차로 50분 정도만 가면 되는 거리니까 그다지 멀지 않아. 그곳에 가면 엄청난 수의 갈매기를 볼 수 있고 또 해변에 놀이기구들이 있어서 텍사스의 산타모니카 느낌이 나기도 하는 관광명소로도 유명한 곳이야.

뉴올리언스의 인생 굴 요리
뉴올리언스의 수류탄 음료
뉴올리언스의 크라우피시

뉴올리언스

뉴올리언스는 내게 있어 조금 각별한 곳이야. 세 번 정도 여행을 갔던 곳이라 뉴올리언스 여행에는 도사가 되었을 정도랄까. 이곳은 일단 재즈의 고향으로 정말 유명한 곳인데, 광장에 가면 엄청난 실력의 뮤지션들이 길거리에서 공연하는 걸 볼 수 있어. 과거 프랑스 식민지여서 모든 건물이 유럽풍으로 지어져 마치 유럽 같은 분위기를 내뿜는 곳이기도 해.

뉴올리언스는 꼭 가봐야 할 명소들보다는 특색 있는 음식들로 더 유명해. 뉴올리언스에 방문하면 꼭 먹어야 할 음식들이 몇 가지 있는데, 첫 번째로 굴 요리야. 뉴올리언스는 굴 요리로 유명한 곳이거든. 그릴에 구운 것, 튀긴 굴 요리, 생굴 요리가 유명한데, 사실 전부 다 맛이 있었어. 그 중에서도 그릴에 구운

게 제일 맛있으니까 꼭 먹어보도록 해.

그 외에 꼭 먹어야 할 것들은 잠발라야, 검보, 포보이, 크라우피시가 있어. 잠발라야는 약간 진 볶음밥 느낌의 밥 요리야. 검보는 국에 밥을 말아먹는 것 같은 느낌의 요리고, 포보이는 샌드위치야. 크라우피시는 새우처럼 생긴 걸 양념해서 찐 요리인데 직접 까먹어야 하는 거라서 조금 귀찮다는 단점이지.

그리고 뉴올리언즈에서 정말 유명한 것은 마디그라라는 페스티벌이야. 이 마디그라 페스티벌은 2월 말에 하는데 이때 뉴올리언즈를 방문한다면 진정한 뉴올리언즈를 느낄 수 있을 거야. 대충 어떤 느낌인가 하면, 사람들이 베란다에 모두 나와서 비즈라고 하는 구슬 목걸이를 던지면서 노는 거야. 길거리에서 술을 마시면서 돌아다닐 수도 있고, 그래서 조금 위험하기도 하지만 그만큼 미친 듯이 재밌는 곳이지.

만 21세 이상이라면 '수류탄 음료'를 꼭 먹어보도록 해. 수류탄 음료는 사실 음료수가 아니라 술이야. 엄청 크니까 하나 사서 나눠먹도록 하는 게 좋겠어. 하나를 다 마시면 어느 샌가 취해 있는 자신을 발견하게 될 테니까!

애틀랜타

애틀랜타는 한인이 많이 사는 곳으로도 유명한 곳 중 하나야. 한인타운이 무려 두 곳이나 있으니 가늠해볼 만하지?

애틀랜타에서 제일 유명한 건 첫 번째로 아쿠아리움이야. 미국에서 제일 크다고 해. 그리고 바로 옆에는 코카콜라 박물관이 있는데 코카콜라가 처음 개발된 곳이 애틀랜타라고 하더군. 코카콜라 박물관에서 나오면 바로 옆에 관람차가 있는 예쁜 공원도 있으니까 한번 둘러봐도 괜찮아.

시간이 남는다면 마틴 루터 킹 주니어 목사 박물관도 한번 추천해 주고 싶은데, 미국에서 흑인들의 역사가 얼마나 잔혹했는지 보여주는 곳이야. 나는 사실 박물관은 별로 좋아하지 않는 편인데도 그곳에서 깨달은 게 많았어.

마이애미

마이애미. 꿈의 휴양도시라고들 하지! 정말 휴양에 필요한 모든 조건이 갖추어져 있는 곳이라고 할 수 있어. 사실 해변을 별로 좋아하지 않는다면 추천하고 싶지 않은 도시기도 해. 여행 일정 내내 해변에만 가게 되는 곳이거든. 일단 가보려고 마음먹었다면 구릿빛 피부가 될 준비는 마친 거라고 생각하면 돼. 햇볕이 뜨거워서 살이 정말 많이 타게 될 거야.

마이애미 비치는 전 세계적으로도 유명한 관광지여서 그만

큼 관광객도 많은 곳이야. 그러다보니 해변에 가면 전 세계 친구들과 사귈 수도 있고, 또 그 친구들과 함께 아침부터 해가 질 때까지 수영은 물론 비치발리볼, 비치사커 등등을 즐길 수 있어. 그리고 해가 지고 밤이 찾아오면 온갖 클럽들이 문을 열고 유흥의 도시로 바뀌지.

해변과 사람, 그리고 클럽을 좋아한다면 마이애미 강추, 엄지 척!

개인 요트와 멋진 집들, 럭셔리한 부자동네.

올랜도

올랜도는 사실 각종 테마파크로 유명한 곳이야. 놀이공원 좋아해? 그렇다면 이곳이 제격이야. 사실 이곳에 위치한 놀이공원만 해도 10곳이 넘는데 그 중에서도 유명한 몇 군데와 그 특징을 위주로 설명해 줄게.

디즈니랜드 : 각각 테마가 다른 4개의 섹션으로 이루어져 있어. 매직 킹덤은 사람들이 제일 많이 가는 곳이야. 유명한 디즈니 성이 있는 곳이지. 할리우드 스튜디오는 유명한 디즈니 영화들(스타워즈, 겨울왕국 등)을 테마로 한 곳이고 애니멀 킹덤은 동물원이라고 생각하면 돼.

마지막으로 에콧의 테마는 우주, 미래, 과학이야. 보통 매직 킹덤을 많이 가고 나도 매직 킹덤을 다녀왔어. 난 아침에 들어가서 불꽃놀이까지 보고 나왔지! 디즈니랜드에 있는 놀이기구는 어린이 용이 많은데 볼거리가 정말 다양해.

유니버셜 스튜디오 : 올랜도에 있는 유니버셜 스튜디오는 유

니버셜 스튜디오와 어드벤처 존으로 나눠져 있어. 물론 각각 입장료를 내고 입장해야 되니까 가기 전에 어떤 곳에 갈 것인지 미리 생각해 둬야 해. 두 군데 모두 놀이기구 위주로 되어 있는 테마파크긴 하지만 어드벤처 존이 조금 더 스릴 있는 놀이기구가 많아.

씨월드 : 바다를 주제로 한 테마파크야. 각종 볼거리, 놀이기구가 있고 특히 이곳에서는 돌고래 쇼, 범고래 쇼, 물개 쇼가 유명해. 물로 이루어진 놀이기구가 많으니까 가기 전에 젖을 준비는 필수야. 시간 분배를 잘 해서 돌고래 쇼랑 물개 쇼, 범고래 쇼를 놓치지 않아야 해!

올랜도는 놀이공원뿐 아니라 워터파크로도 정말 유명한 곳이야. 아쿠아티카, wet n wild, 디스커버리가 유명하고 이번에 유니버셜 스튜디오에서도 볼케이노 베이라고 해서 워터파크를 새로 냈다고 해. 아쿠아티카에서는 돌고래와 수영을 할 수도 있어. 놀이기구나 놀이공원을 좋아한다면 올랜도를 추천하고 싶어!

키웨스트

　키웨스트는 미국 최남단에 있는 섬이야. 어니스트 헤밍웨이가 살던 곳으로도 유명하고 아직도 그 생가가 보존되어서 관광객에게 열려 있는 곳이지. 이 섬에서는 날씨가 맑은 날에는 쿠바를 볼 수 있어. 맑은 날에만 보이기는 하지만 이곳 날씨는 거의 맑기 때문에 걱정하지 않아도 돼. 이곳에 가보려고 한다면 1박으로는 절대 무리야. 적어도 1박 이상! 1박으로 잡았다가 아쉬워한 애들을 정말 여럿 봤어.

이곳도 낮과 밤이 분위기가 완전 달라. 마이애미를 들르면서 키웨스트를 찾는 사람들이 많은데 마이애미와는 다른 분위기야. 음, 그러니까 낮에는 활기찬 모습이라면 저녁에는 마이애미처럼 유흥의 느낌이 아닌 로맨틱한 분위기가 넘치는 곳이랄까. 그리고 이곳은 각종 해양 스포츠로도 유명하니까 전부 경험하고 왔으면 좋겠다. 아, 석양도 너무너무 멋있는 곳이니까 석양도 놓치지 말고 꼭 보고 오도록 해!

에필로그

교환학생과 어학연수는 뭐가 다르지?

나는 어학연수와 교환학생 프로그램을 모두 다녀왔다. 그래서 내게 어학연수와 교환학생은 어떤 점이 다른지 물어보는 친구들이 많았는데, 그 차이점에 대해서 이야기를 해보려고 한다. 나는 플로리다에서 10개월 동안 경험했고, 교환학생은 루이지애나에서 1년 동안 있었다. (루이지애나는 텍사스 옆에 있는 작은 주.)

일단 어학연수부터 설명하도록 하겠다! 어학연수는 말 그대로다. 영어에 대한 기초가 부족한 친구들을 위한 수업으로 이루어진다. 영어 일기를 쓰는 방법부터 일상 표현들, 회화 패턴 등등….

어학연수는 만들어진 취지 자체가 영어가 조금 부족한 친구들을 위한 것이라서 각 레벨 별로 듣는 수업 난이도가 다르다. 일단 현지에 있는 어학원을 가면 레벨 테스트를 진행하고 그 레벨 테스트 결과에 따라서 반 편성이 결정된다. 레벨은 수업을 들으면서 올릴 수도 있고 내릴 수도 있기 때문에 영어가 부족하다면 큰 도움을 얻을 수 있는 곳이라고 생각한다. 영어에 대한 기초가 조금 부족하다고 생각한다면 나는 어학연수를 꼭 추천해 주고 싶다. 그리고 어학원이라는 특성상 미국 현지인보다는 다른 나라에서 온 친구들을 많이 만나게 되므로 다양한 나라에서 온 친구들을 만날 수가 있다는 장점이 있다.

우리는 보통 영어를 할 때 한국어로 먼저 생각을 하고 말하는 경우가 많다. 그리고 틀릴까봐 불안해 하면서 말을 더듬게 된다. 그런데 다른 나라 친구들을 보면 문법이 아니라 커뮤니케이션에 중점을 둬서 그런지 생각나는 대로 정말 당당하게 말한다. 문법이 어쨌든, 발음이 어쨌든 상관하지 않는다. 그 친구들이 이런 상황에서는 이런 단어를 쓰고 이런 말을 하는구나 하는 깨달음과 동시에 그걸 따라하면서 본인이 어렵다고 생각했던 문장도 쉽게 말할 수 있게 되고 자신감도 상승하게 된다. 이런 친구들과 이야기를 많이 하고, 이런 과정들이 사이클처럼 반복되게 되는데 이 과정 속에서 영어가 자연스럽게 늘게 된다!

이제 교환학생에 대해서 이야기해보자. 교환학생도 어학연수랑 비슷하게 처음 도착하면 시험을 본다. 이건 일정 점수 이상이 넘으면 ESL 클래스를 패스할 수 있다. ESL은 쉽게 말하면 그냥 영어 수업이다.^(English As second Language) ESL 클래스는 리딩 수업, 스피킹 수업, 문법 수업 세 가지가 있다. 여기는 어학연수처럼 레벨대로 나눠져 있는 게 아니고 시험에 패스하지 못하면 레벨과 상관없이 똑같은 수업을 듣게 된다. 학기 중엔 ESL 수업과 함께 본인이 수강하고 싶은 과목을 선택해서 듣는다.

우리 학교와 같은 경우는 최대 18학점까지 신청할 수 있었다. 18학점 이상도 수강신청이 가능하긴 한데 18학점 이상이면 추가 학비를 낸다.

나는 영어가 조금 부족하면 ESL 수업들이 엄청 불리하다고 생각한다. 출발점이 다른데 똑같은 수업을 들으니까 당연히 뒤

처지게 되는 것이다.

교환학생은 학교와 연계가 되어 있어서 그런지 어학연수와는 달리 현지 대학교에 있는 한국인 교수님이 계신다. 현지에 계신 한국인 교수님이 항상 우리를 신경써 주시기 때문에 학교생활에 있어서 궁금한 점이라든지 모르겠는 부분이 있으면 가서 물어보면 된다. 어학연수는 문제가 생기면 무조건 내가 해결해야 했었는데 여기에서는 신경을 써 주시는 분들이 있다는 게 참 좋았다. 그리고 애초에 갈 때부터 혼자 가는 게 아니고 다른 대학에서도 오고 우리 학교에서도 2, 3명 이상은 뽑아서 가는 것이기 때문에 한국인들끼리 서로 유대감 같은 게 생기게 된다. 단체 합숙생활 느낌이랄까? 교환 학생을 하면서 단체 생활이 어떤 건지 뼛속까지 제대로 배우고 온 것 같다.

어학연수랑 교환학생을 고민하고 있다면 내가 영어를 들었을 때 바로 이해하느냐 아니면 생각을 하고 이해하느냐를 생각해봤으면 한다. 생각을 하고 이해하는 거라면 경험상 어학연수를 먼저 추천해 주고 싶다!

부록

가장 많이 받았던 질문들

"진짜 외국남자들은 훈훈하고 스윗해?"

우리 한국에서도 훈훈하고 스윗한 사람이 있고 안 그런 사람이 있듯이 미국도 똑같은 것 같아. 오히려 한국 남자들이 기념일 같은 건 더 잘 챙기는 것 같은 느낌이랄까? 미국도 기념일을 챙기기는 하는데 보통은 생일, 발렌타인데이, 크리스마스만 챙겨.

한 가지 확실한 건 확실히 일상에서의 소소한 매너가 다르다는 거야. 차를 탈 때 차 문을 열어준다든지 레스토랑에 갈 때 먼저 문을 열어준다든지 하는 레이디 퍼스트가 베이스인 그런 사소한 매너들.

"한 달 생활비는 평균 얼마였어?"

기숙사비나 식비는 빼고 말할 게. 솔직히 여행을 갈 때 빼고 생활비라고 칠 건 별로 안 들었던 것 같아. 진짜 10~20만 원 내외에서 다 해결했던 듯!

"여행을 갈 때는 평균 잡아서 얼마나 들었어?"

나는 최소 50만 원, 최대 100만 원으로 잡았어. 지역에 따라 다르긴 하지만 대부분 쇼핑 없이 빠듯하게 여행하면 50만 원 정도로도 가능했고, 좀 넉넉하게 잡으면 100만 원 정도. 그때는 쇼핑 일정을 끼워 넣었지.

"미국에서 생활하면서 제일 좋아했던 음식은 뭐였어?"

나는 라자냐를 제일 좋아했어. 사실 라자냐가 어떤 음식인지 미국에 가서 처음 알게 된 건데, 파스타만 알고 있던 나에게 라자냐의 존재는 신선한 충격이었어. 한국에 와서 라자냐를 먹으려고 찾아보니까 외관도 다르고 두께도 다르고 비싸기만 하고 맛도 달라서 실망했었지.

아, 그리고 아침! 미국의 아침은 계란 프라이, 팬케이크, 해쉬브라운, 오믈렛 이렇게 나오는데, 특히 초코렛 팬케이크가 나오는 날이면 세상을 다 가진 듯 행복했어. 제일 좋아했던 레스토랑은 치폴레. 아, 배고프다.

"가기 전에 영어공부를 많이 해야 해?"

무조건 하고 가야 돼! 문법이나 어휘 위주가 아니라 회화 패턴 위주로 적어도 한 달 이상은 공부 하고 가야 귀가 빨리 뚫려. 회화 패턴을 알아야 들리기 때문에 적어도 정말 적어도 한 달은 하고 가야 본인도 편해. 회화 패턴 위주로 단어를 외우면 빨리 외워지지니까 더 좋은 것 같아. 그러니까 적어도 한 달 전부터는 일정 시간을 정해서 꼭 공부하자! 이 부분은 꼭 기억해줬으면 좋겠어.

"여가시간에는 뭐해?"

미국에서의 생활은 여가시간이 참 많았어. 어떻게 쓰느냐는 본인에게 달려 있는 것 같아. 스케줄러를 이용해서 여가시간을 관리하는 것도 좋은 방법이야. 나 같은 경우는 보통 4시에서 5시에 수업이 끝나면 저녁을 먹고 친구들이랑 운동을 하러 가거나 미국인 친구 집에 놀러갔어. 과제가 좀 많은 날에는 카페나 도서관에서 과제를 했고.

도서관에 가거나 과제를 할 때도 혼자서 가지는 않았어. 외국인 친구들과 같이 가려고 좀 노력했지. 그리고 학교에서 하는 스포츠 경기들은 거의 다 관람을 하려고 했었어. 특히 풋볼! 한국에서는 쉽게 볼 수 없는 스포츠라 그런지 더 재미있게 봤던 것 같아.

"치안은 어때?"

솔직히 무섭지 않았다고 하면 거짓말일 거야. 하지만 결국엔 다 사람이 사는 동네기 때문에 조심해야 하는 행동들만 유의하면 그렇게 위험하지는 않은 것 같아. 총에 대한 이야기를 많이 들었는데 그렇게 위험하다고 생각해본 적은 없어. 그렇지만 아무래도 총기 소지가 가능한 나라여서 총기 사고가 많은 게 사실이기 때문에 시비가 일어나지 않도록 조심해야 해.

나는 시골에 살아서 그런지 밤에 늦게 돌아다니면 안 된다고 귀에 못이 박히게 들었어. 아무래도 밤에는 어두우니까 치안이 좀 불안해지는 거지. 네팔 친구들이 저녁 늦게 떼를 지어서 돌아다니다가 흑인 친구들과 시비가 붙어서 위험했던 적이 있다고 들었거든. 떼를 지어서 다니는 것도 그런 상황이 벌어지는데 혼자 돌아다니면 얼마나 범행 목표가 되기 쉽겠어.

그리고 미국에는 물건을 훔쳐가는 사람이 많다는 말이 있어. 미국인 친구 말로는 핸드폰이나 지갑 같은 걸 잠깐 책상 위에 올려놓고 자리를 비우는 행동은 위험하다고 하더라고. 그렇게 놓고 갈 경우에는 한국과 달리 100% 누군가 훔쳐가니까 본인이 계속 소지하고 다니는 게 좋아.

"미국 친구들에게 줄 기념품은 어떤 걸 챙겨갔어?"

나는 시장에서 천 원짜리 책갈피를 여러 개 사갔어. 싸면서도 한국적고 실용적인 걸 선물해 주려고 하다 보니 책갈피를 선택하게 되었는데 친구들도 좋아했어.

책갈피 외에도 여러 가지를 좀 챙겨갔었는데 보니까 내 주변 남자애들은 과자를 좋아하는 것 같았고 의외로 여자애들은 한국 학용품을 아주 좋아했지.

간단한 공항 회화

1. 티켓 발권(Check-in desk)

승무원(Agent) : Where are you flying to today? (=What's your final destination?)
- ▶ 어디로 갈 예정이십니까?
  - destination = 목적지

나(Me) : I'm flying to Seattle!
- ▶ 시애틀로 가요.
  - I'm flying to = -로 간다.

승무원(Agent) : May I have your passport, plz?
- ▶ 여권 좀 보여 주시겠어요?
  - May I = ~좀 해 주시겠어요?

나(Me) : Sure.
- ▶ 네.

승무원(Agent) : Are you checking any bags?
- ▶ 위탁 수하물이 있으십니까?

나(Me) : Just this one.
- ▶ 그냥 이거 하나요.

승무원(Agent) : Ok, put your bag on the scale.
- ▶ 네, 저울에 올려놓으세요.
  - scale = 저울

나(Me) : I have a stopover in Japan. Do I need to pick up my luggage there?

> 저 일본에서 환승해요. 거기서 수화물을 따로 찾아야 되나요?
> - stopover = 환승(layover)
> - luggage = 수화물

승무원(Agent) : Nope. It'll go straight through to Seattle. Here are your boarding passes. Your flight leaves from gate 11A and it'll begin boarding at 10am. Your seat number is 22B.
> - go straight through = 바로 마지막 목적지까지 간다.
> - boarding pass = 탑승권
> - boarding = 탑승
> 아니요. 이 수화물은 시애틀로 바로 가게 될 거에요. 여기 탑승권입니다. 게이트 11A에서 탑승하시면 되고요. 오전 10시에 탑승이 시작될 거예요. 22B가 당신의 좌석입니다.

나(Me): Thanks.
> 감사합니다.

2. 보안 게이트 (Security gate)

보안 요원(Agent) : Please lay your bags flat on the conveyor belt, and use the bins for small objects
> - bins = 바구니
> 가방들을 컨베이어 벨트에 올려놓으시고, 작은 물품들은 바구니를 이용해 주세요.

나(Me): Do I need to take my laptop out of the bag?
> 노트북 꺼내야 되나요?

보안 요원(Agent): Yes, you do. Take off your shoes, too.
> 네. 신발도 벗으세요.

게이트 통과-(go through the metal detector)

보안 요원(Agent) : You're all set. Have a nice flight!
- ▶ 다 됐어요. 즐거운 비행하세요!
  - You're all set = OK

나(Me): Thanks.
- ▶ 감사합니다.

3. 탑승 게이트

승무원(Attendant) : May I see your boarding pass?
- ▶ 탑승권 좀 보여 주시겠어요?

나(Me): Sure, here you go.
- ▶ 네, 여기요.
  - here you go = 여기요.

4. 기내

승무원(Attendant) : Would you like chicken or beef?
- ▶ 치킨으로 드시겠어요, 소고기로 드시겠어요?
  - Would you like A or B = A로 하시겠어요, B로 하시겠어요?

나(Me): Beef(or Chicken), plz.
- ▶ 쇠고기 주세요.

승무원(Attendant) : Anything to drink?
- ▶ 뭐 마실 거예요?

나(Me) : What kind of soda do you have?
- ▶ 어떤 종류의 음료수가 있죠?

승무원(Attendant) : Coke, Diet coke, Sprite, Orange, and Dr.

Pepper.

▶ 콜라, 다이어트 콜라, 사이다, 오렌지, 닥터페퍼가 있어요.

나(Me) : A Sprite, no ice please.

▶ 사3이다 얼음 없이 주세요.

승무원(Attendant) : Here you go.

▶ 여기 있습니다.

나(Me) : Thanks, ma'am.

▶ 감사합니다.

- ma'am = 여성에게 쓰는 존칭어(남성에게는 Sir)

기내에서 승무원의 도움이 필요할 때

▶ Can I have a ~ = ~를 주실 수 있나요?

- 이 문장 구조만 알면 필요한 걸 달라고 할 수 있다.

Ex) Can I have a pillow(베개)?

Can I have a blanket(담요)?

Can I have a pair of headphones(이어폰=earphones)?

Can I have some water(or coffee or tea)?

Can I have some extra napkins?

친구 사귀기- 첫 만남

나 : Hey, I am Emily. What's your name?

- 안녕, 난 에밀리야. 넌 이름이 뭐야?

친구 : My name is Adam. Nice to meet you.

- 난 아담이야. 만나서 반가워.

나 : Cool. (대화 주제를 꺼내서 대화 이어 나가기)

대화 주제 TiP

1. 대화 장소가 일어나는 곳에 대해 묻는다.

   ▶ How do you know everyone else at the party?
   - 너 파티에 있는 사람들 어떻게 알아?
      How do you know- = 어떻게 알아?
▶ What brought you guys out to this bar tonight?
   - 오늘 바에 온 계기라도 있어?
      What brought you = -하게 된 계기가 뭐야?

2. 현재 상황에서 내가 생각하는 것을 말하면서 대화를 이어나간다.

▶ This is a pretty sweet party.
   - 재밌는 파티네.
▶ This class is pretty interesting.
   - 이 수업 재밌다.
▶ The last time I was at this bar there were a bunch of freshmen here.
   - 내가 저번에 여기 왔을 때는 1학년이 진짜 많았어.
      a bunch of = 많다
      freshmen = 1학년들
▶ Isn't it hot out today?
   - 오늘 덥지 않아?

3. 현재 상황에 대해서 묻는다.

▶ I missed the first class. Did the prof hand out a course outline?
  - 나 첫 번째 수업을 못 들었어. 교수가 강의 계획서를 나눠줬어?
    prof = 교수
    course outline = 강의 계획서
▶ Do you know when this place closes?
  - 너 여기 언제 닫는지 알아?
    Do you know ~ = ~ 알아?
▶ What's the name of the song that's playing?
  - 지금 나오는 노래가 뭔지 알아?
    What's the = - 뭐야?

4. 나에 대한 정보를 흘려준다.

▶ I'm so happy right now. I just handed in my last paper for this semester.
  - 나 완전 행복해. 이번 학기 마지막 레포트를 막 제출했거든.
    handed in = 제출했다
▶ I'm so buzzed now. I just did four shots in a row.
  - 아 취한다. 나 방금 네 잔 연속으로 마셨어.
    buzzed = 취한다
    in a row = 연속해서

5. 상대방에 대해 묻는다.

▶ What are you taking in school?

- 학교에서 수업 뭐 들어?
▶ Do you like any sports?
- 스포츠 좋아하는 거 있어?
▶ What do you usually do for fun on the weekend?
- 주말에 보통 뭐해?

6. 상대방을 칭찬한다.
▶ You look like you're in a good mood today.
- 너 오늘 기분 좋아 보인다.
　　You look like = -처럼 보인다.
▶ I like your hat! where did you get it?
- 너 모자 예쁘다!(직역보다는 말뜻으로 이해하기!) 어디서 났어?

헤어질 때

- 격식을 차릴 때

▶ Have a Good Day!
- 좋은 하루 보내!
　　= good evening(저녁) or good weekend(주말)
▶ I must be going. I've got to ~.
- I've got to ~. = ~해야한다.
　　ex) I must be going. I've got to finish running my errands.
　　　- 나 가야해. 심부름을 끝내야 하거든.
▶ I look forward to seeing you again soon. (or talking with

you again soon).
- 곧 다시 보길 바랄게! (곧 다시 대화하길 바랄게!)
"… seeing you again soon" = 얼굴을 보고 대화할 때
"… talking with you again soon." = 전화로 이야기 할 때

- 친구끼리

▶ Take Care!
- 잘 가!
▶ I'll see you soon.
- 곧 다시 보자.
▶ Have a good one.
- 좋은 하루 보내.
▶ Later! / Catch you later!
- 다음에 봐!
▶ See ya!
- 다음에 봐!
▶ I'm off! / I'm outta here!
- 나 갈게!

어서와,
교환학생은 처음이지?

지은이 이다예
발행일 2017년 9월 27일
펴낸이 양근모
발행처 도서출판 청년정신 ◆ **등록** 1997년 12월 26일 제 10—1531호
주　소 경기도 파주시 문발로 115, 세종출판벤처타운 408호
전　화 031)955—4923 ◆ **팩스** 031)955—4928
이메일 pricker@empas.com
이 책은 저작권법에 의해 보호를 받는 저작물이므로
무단 전재와 무단 복제를 금합니다.